마을에서 희망을 찾다

정용교 · 전경미 · 남선이 지음

교육과학사

| 머리말 |

최근 마을 관련 논의가 부쩍 활발하다. 마을과 동네 관련의 논의들이 로봇 인공지능 시대에 접어드는 시대적 상황에서 왜 다시 부각하여 관심사가 되는가에 대해 잠시 생각할 필요가 있다. 아마 그것은 오늘날 우리의 삶이 나홀로의 혼자살이에 익숙하다는 사실과 관련될 것이다. 한편에서 인간은 혼자살이를 통해 자신의 주체성을 잘 드러내야 할 존재성을 띠기도 하지만, 다른 한편에서 인간은 타인과 함께하는 삶을 누려야 할 공동체성을 맺으며 같이 더불어 살아야 할 존재이기도 할 것이다.

마을 관련 논의가 활발하다는 사실은 공동체성이 인간 삶에 미치는 의미와 영향이 의외로 클 수 있음을 잘 보여준다고 할 것이다. 그런 공동체성 관련 논의의 핵심에 바로 마을(동네)이 존재한다. 마을이야말로 함께하는 공동체 생활의 일차적 근거일 것이며, 또 이런 마을 형성이 가능할 때 공동체적 삶도 자연스레 가능할 것이기 때문이다. 덧붙여 불확실성과 불투명성이 상존할 미래 상황에서 인류는 각종 위기 현상에 아주 쉽게 노출될 수 있다. 이런 위기 상황에 노출될수록 이웃성을 나눌 수 있는 마을 단위 공동체의 의의는 한층 부각될 것이다.

섶마리는 전형적 한국 농촌 마을에 속한다. 섶마리를 둘러싼 숨어 있는 동네 이야기를 발굴하여 재조명함으로써 마을 단위의 공동체성이 갖는 의미를 분명히 드러내고자 한다. 공동체성은 어느 날 갑자기 나타난다기보다 일정한 사회문화적 여건과

메커니즘을 통해 그 어떤 방식으로 생성되어 작동할 것으로 믿기 때문이다. 섶마리 마을을 배경으로 마을 단위 공동체성이 어떤 식으로 형성되었으며, 또 어떤 구체적 형태로 그런 공동체성이 발전 · 전개되어 왔고, 이어서 오늘의 모습에 영향을 미치는지를 마을에 터전해 살아가는 주민들의 입장에서 밝히고자 하였다. 이런 노력을 통해 로봇 인공지능의 AI시대에 공동체성이 갖는 사회문화적 의의를 밝히고, 이런 의의를 현대적 차원으로 재조명하는 것은 의미 있는 일로 보았기 때문이다.

섶마리 관련의 이야기 발굴은 몇 차례에 걸친 마을 답사를 통해 수행되었으며, 동시에 현지마을 주민들과의 면담으로 진행되었다. 마을 출신이면서 마을과 마을 주민을 위해 헌신하고 있는 박준익(마을활동가)으로부터 섶마리 관련의 여러 이야기를 들을 수 있었다. 그는 마을을 어떻게 살릴 것인가에 혼신의 힘을 다하고 있었고, 무엇보다도 마을에 대한 강한 자부심을 갖고 있었다. 이에 더해, 몇 분의 마을 어르신들은 이 마을을 둘러싼 내력과 현재성을 꿰뚫고 있으면서 마을 관련의 흥미로운 이야기를 들려 주었다. 이분들이 들려준 마을 관련 스토리를 통해 이 마을에 담겨 있는 마을 관련 역사와 문화를 찾아낼 수 있었고, 또 그런 마을이야기를 현대적 의미로 새롭게 구성할 수 있었다. 이런 과정을 거치며 인문정신이 살아있으면서 인문적 가치를 삶으로 드러낼 수 있는 마을 단위 공동체성의 의미를 되살려 낼 수 있었다.

작년(2022년) 한 해 동안 경북도 농촌 마을 활력 사업에 참여하면서 이 마을을 수십 차례 왕래하였으며, 마을의 이곳저곳을 깊숙이 볼 수 있었다. 무엇보다 우리는 마을 어르신들이 어떤 모습으로 어떻게 관계를 맺으면서 마을을 지켜올 수 있었느냐를 그분들의 경험영역에서 바라볼 수 있었다. 우리 연구진은 물론이며, 학부의 대학생과 각국에서 온 대학원의 유학생들까지도 망라하여 이 마을 활력 증진 프로젝트에 참가하였다. 이런 참가를 배경으로 그들은 저마다의 마을 관련 생각과 의견을 여과 없이 드러낼 수 있었다. 처음 마을을 접할 때 내국인이든 외국 유학생이든 농촌 마을의 모습을 자신의 삶의 세계와 잘 어울리지 않는 생소한 미지의 세계로 바라보는 것 같았다. 이후 이 마을을 자주 드나들게 되면서 차츰 마을의 이모저모에 익숙해질 수 있었고, 또 마을살이의 의미에 새롭게 눈을 뜰 수 있는 것으로 보였다. 이어 그들은 한국 마을에서 풍기는 그 어떤 매력성에 빠져드는 것을 느낄 수 있었다.

이 책을 통해 우리는 그동안 잘 생각해보지 않았고 먼 곳의 남의 일처럼 받아들였던 한국의 마을성에 담겨 있는 의미를 좀 더 구체화하여 밖으로 드러내려 하였다. 우리는 지난 2년 동안 여러 차례 마을을 방문하였고, 또 마을의 여러 분들과 많은 대화를 나누었으며, 심지어 어떤 경우는 학생들과 함께 농사체험 활동에 참여하기도 하였다. 이런 일련의 활동을 통해 오늘 한국 농촌 마을이 당면한 핵심과제가 무엇이며, 또 마을에 어떻게 접근하여 '찾아오는' 마을로의 전환을 시도할 수 있느냐를 찾으려 하였다.

이 책은 시골 마을 관련의 보잘껏 없는 작은 이야기(서사)에 불과할 수 있지만, 우리가 관심을 가지려 한 점은 마을을 어떤 시선으로 바라보아야 하며 또 마을성의 의미를 어떻게 제대로 살려낼 수 있느냐에 두었다는 사실이다. 동시에 우리는 마을살이를 통해 인류에게 공동체적 삶이 갖는 중요성을 부각하여 밝히려 하였다. 이런 마을성의 의미를 파악함으로써 우리는 점점 고도화하여 다가설 AI 로봇시대 인간의 삶이란 어떤 모습이어야 하며, 또 어떻게 대응해야 할 것인지에 대해서도 반성적으로 바라볼 수 있는 여지를 마련하려 하였다. 마을성(이웃성)이야말로 AI 로봇시대 상황에서 한층 더 요청되는 시대적 과제라 볼 수 있기 때문이다.

이 책은 여러 가지 측면에서 부족한 점이 한두 군데가 아니며 무엇보다 책의 구성에서도 썩 매끄럽게 짜여지지 않은 측면이 있을 것이다. 주변에 작으나마 울림을 줄 수 있느냐를 두고 몇 차례 고민과 번민을 하였지만, 더 중요한 사실은 사라지는 마을성을 어떻게 회복하여 마을에 젊은 활력을 불어넣을 수 있느냐의 현안에 더 주목하였음을 밝힌다.

다만 이 책을 계기로 인간 삶의 근본 토대이자 터전이라 할 수 있는 '마을', '마을살이', '마을공동체' 등에 들어 있는 의미성을 새길 수 있는 기회가 될 수 있기를 바랄 뿐이다. 애정 어린 질정을 바라마지 않는다.

2023년 4월

정용교

차례

제1장
섶마리의 자연과 환경

1. 섶마리의 유래

섶마리 마을은 청도군 금천면 신지리 일원으로 청도군의 동쪽에 위치한다. 동곡에 있는 금천면사무소에서 차로 5분여 만에 닿을 수 있다. 청도 이서면 수야리 지역에 거주하였던 소요당 박하담(1479~1560) 선생이 이 마을을 들리게 되었는데, 이때 이곳의 수려한 풍광에 반하게 되었으며 곧이어 신지리 지역에 멋진 별서를 짓게 되었다. 이후 그의 후손들이 이 마을에 하나 둘 정착하게 되면서 밀양 박 씨 집성촌이 형성되었다. 현재는 여느 농촌과 크게 다르지 않게 고령화가 급속도로 진행된 마을로써 2022년 기준 102가구에 120여 명의 주민이 거주하며 살아가고 있다. 전형적인 농촌 마을의 모습이다.

신지리는 사방이 산으로 둘러싸인 외딴 지역으로 볼 수 있지만 마을을 감싸고 흐르는 동창천을 끼고 주변마을과 연결되어 있다. 그런 입지조건으로 마을 주민은 지역 면적의 약 60%정도에 해당되는 수리가 안정된 평야지대를 배경으로 살아가고 있다. 이런 입지조건으로 말미암아 벼농사 위주였던 당시의 농촌 경제 여건에서 이 마을 주민은 자본축적을 비교적 수월하게 할 수 있었을 것이다. 이런 물적 토대는 자연스레 양반문화의 발달에도 영향을 미쳤으리라 판단되며, 이에 선암선원을 중심으로 학문을 발전시킬 수 있는 계기를 마련할 수 있었던 것으로 볼 수 있다. 더불어 이런 조건은 마을 주민의 공동체성 형성에도 기여했을 것으로 보인다. 현재까지도 이런 벼농사 기반의 농촌여건은 지역민의 중요한 경제적 기반이 되고 있으며, 여기에 더해 대추, 복숭아 등의 과실작물 재배를 통해 농가소득을 올리고 있다.

현재 이 지역은 신지1리(섶마리), 신지2리(선바위), 신지3리(길부), 신지4리(어성) 등으로 구성되어 있다. 이런 지역명은 일제시대 때 만들어진 행정구역 명칭으로서 오늘에도 그대로 이어지고 있다. 최근 마을 이름 되찾기 흐름이 반영되면서 예부터 내려오던 '선마리' 또는 '섶마리'로 불리고 있고, 또 이렇게 불러주기를 주민들이 원하는 것으로 보였다.

'섶'은 나무의 이름이며 '마리'는 높다를 뜻한다고 한다. 이 마을을 섶마리로 부르는 데는 다음의 두 가지 배경이 있다. 첫 번째는 예부터 마을에 세거한 밀양 박 씨를 섶마리 박 씨(밀양)로 대우하면서 존경의 마음을 담아 부르는 데서 유래했다고 한다. 타지역 주민들이 이 마을의 밀양 박 씨를 높은 곳의 섶이 많은 마을출신으로 우대와 존경으로 대우했다는 의미를 담고 있다. 두 번째는 섶나무를 사용하여 만든 섶다리가 있는 언덕에 만들어진 마을이라는 의미에서 섶마리로 불리게 되었다는 것이다. 첫 번째 이야기는 밀양 박 씨의 중요성을 드러내고 있고 두 번째 이야기는 '섶다리'의 중요성을 드러내고 있는 셈이다.

'섶다리'라는 교각이 세워지기 전까지 마을사람들은 신지리에서 동곡 쪽으로의 통행을 위해 동창천 나룻배를 이용해 건너야 했다. 이런 여건에서 서민들의 나룻배 이용 부담을 줄이면서 또 상시로 이용할 수 있는 다리건설의 필요성을 느꼈을 것이다. 이에 마을 주민들은 주변에 지천으로 널려 있는 섶나무를 이용해 다리를 만들기로 했다는 것이었다. 주민들은 농번기가 끝난 후 매년 한 차례씩 강 주변에 위치한 마을 사람들이 힘을 합쳐 부역으로 나무다리를 만들었다. 원래 이 지역은 다리를 중심으로 수북, 수남 지역으로 나뉘었다. 수북 지역은 시장과 금천면 사무소가 위치해 큰 불편을 느끼지 않았으나, 수남 사람들은 큰 강에 막혀 일상생활에서 어려움을 겪었다고 한다. 이 다리를 놓음으로써 주로 수남 쪽 사람들이 생활에 큰 도움을 받을 수 있었다. 이렇게 서로 다른 입장에 있었지만 상대방에 대한 배려의 마음으로 별다른 조건을 달지 않고 다리를 놓는 데 협조를 다하였고, 그렇게 함으로써 강 남북 쪽을 아우르며 상생과 공존적 삶을 살아가려 했음을 엿볼 수 있다.

섶다리는 손가락 굵기의 섶나무(잎나무, 소나무 등)를 지름 약 1~2m로 엮은 뒤 거기에 돌과 흙을 넣어 기둥을 만들었으며, 그것을 다리 교각의 근간으로 사용하였다. 이렇게 만든 기둥들을 약 2m 50cm 간격으로 촘촘히 세운 뒤 상판으로 여러 가닥의 긴 나뭇가지를 촘촘히 얹었다. 또 그 위에 짚과 잔디를 놓아 편리하게 이용할 수 있는 섶다리를 완성했다. 이 다리는 강 양편 주민들이 상호왕래하면서 소통의 장을 여는 데 기여했던 것으로 볼 수 있었다. 여름 장마로 큰비가 내려 떠내려갈 때까지 그대로 두었고, 가을이면 어김없이 강변의 각 마을 주민들이 참여하여 지역의 큰 행사처럼 섶다리를 놓았다. 이른바 섶다리 공사는 마을 주민 간의 자발적 참여와 협력에 토대하여 마을공동체를 실현하려 했던 것으로 볼 수 있다.

〈1960년대 섶다리〉

〈1942년 동창천 모습〉

2. 강이 비단처럼 고운 금천

금천(錦川)의 지명은 비단처럼 고운 냇가인 동창천을 품은 모습에서 비롯되었다고 한다. 마을 주민에 의하면 강 옆 지천으로 깔린 자갈에 햇볕이 반사되면 그 모습이 너무도 곱고 아름다워 현기증을 느끼게 할 정도였다고 했다. 금천의 지명처럼 댐이 건설되기 전 동창천은 비단처럼 고운 모습을 했던 것으로 볼 수 있었다. 이처럼 맑고 고운 강인 동창천에는 수많은 토속 어종이 서식하였던 관계로 한 폭의 수묵화를 보듯 아름답고 멋진 자연을 간직한 곳이었다고 했다. 이렇게 아름답고 고운 동창천에 큰 변화가 몰려오게 되었다.

동창천 중상류에 대구시민을 위한 식수 공급용 운문댐을 건설하였고, 댐 건설 이후 이런 풍경에서 큰 변화가 나타났다는 것이다. 마을에서 태어나 지금까지 살아오면서 마을 발전에 몰두하고 있는 박○○ 활동가는 동창천의 변화상을 다음과 같이 들려주었다. "어릴 때 보았던 동창천과 지금의 동창천에는 거대한 차이를 보인다. 어릴 때 고기잡이를 할 때 잡혔던 어종들이 거의 보이지 않고 외래종의 어종들이 다수를 이룬다. 강 상류에 큰 댐이 생긴 후 어종에서 너무 큰 변화가 일어났다. 어릴 때 보았던 물고기는 1급수에서 놀던 토종의 물고기였는데, 지금은 그런 물고기를 찾을 수 없고 대신 2, 3급수에서 자라는 물고기들밖에 보이지 않는다. 그때는 학교 수업 중에서도 체험활동으로 고기잡이를 해서 세숫대야와 같은 큰 통에 가득 찰 정도의 고기를 잡을 수 있었다. 실제로 그때 짧은 시간 동안에 잡았던 물고기를 담임선생님께서 집으로 가져가 요리하였으며, 주변 분들과 함께 나누어 먹는 모습을 보았다. 요즘 동창천에서 고기 잡는 일이 거의 없으며, 주민들이나 몇몇 야영객들이 체험형의 고기잡이를 하는 데 그칠 뿐이다. 초등학교 때 60여 명의 학급 학생들이 고기잡이에 나섰고, 금방 한 통 가득히 고기를 잡을 수 있었다. 지금은 단지 기억으로 회상되며 먼 옛날의 추억으로 떠오를 뿐이다. 강을 끼고 평생 살아오면서 강 모습의 변화를 바라보며 발전과 성장이 마냥 좋은 것이냐에 대해 생각해볼 때가 있다."

섶마리 주민들은 댐 건설이 주민의 삶에 미친 영향을 몸의 경험으로 느끼는 것으로 보였다. 이런 영향은 물질적(경제적) 측면에서 평가될 수 없을 정도로 큰 의미를 던졌던 것으로도 보였다. 댐 건설 뒤 강과 주변에 생겨난 변화에 눈을 뜨게 되면서 환경과 생태의 중요성에도 관심을 가지는 것 같았다. 이는 어떤 물질적 보상으로도 채워질 수 없을 만큼이나 크게 다가온다고 하였다. 댐 조성 후 수자원공사로부터 연 800만여 원 정도의 지원을 받았다고 한다. 문제는 이런 보상이 댐 건설이 미친 각종 생태적 및 정신적 상처에 비해 큰 보탬이 되었느냐는 별개의 문제라고 하였다.

〈동창천 주변의 둘레길〉

3. 방천술 갖고 인심 낸다

섶마리 주민들은 논농사의 성공을 위해 봄철 때 마을마다에서 사람들이 모여 논에 물대기를 위한 보를 정비할 필요가 있었다. 봄철 때 논농사를 위한 원활한 물 공급을 위해 보정비가 필요했고, 그것이 '방천사업' 형태로 나타났다. 매년 실시되는 방천사업을 위해 마을 주민들은 논의 마지기에 비례하여 수로정비 작업에 참여해야 했다. 방천사업을 실시할 때 주민 대부분이 참여하여 큰 행사처럼 진행되었다. 마을의 큰 이벤트로 열렸던 관계로 방천작업 때 인근을 지나는 사람들에게까지 음식과 술을 넉넉히 대접하며 인심을 냈다. 지금도 이런 넉넉하고 풍성한 인심을 가리켜 "방천술 갖고 인심 낸다."는 말로 전해져 내려온다. 수로정비의 이름으로 주민들이 함께 일하면서 인근 주민들에게 넉넉히 대접함으로써 주민 간 연대공동체성을 드러내려 했던 것으로 볼 수 있었다

이전부터 내려오는 섶마리 마을의 연대성은 현재진행형으로 현재에 이어지고 있다. 초고령화와 저출산으로 인한 탈농촌화 경향에서 자유롭지 않지만, 이 마을 주민들은 선대로부터 내려오는 전통을 바탕으로 주민 간 연대공동체성 실현에 노력하고 있었다. 섶마리 지역의 권역 센터는 신지리의 4개 마을 간의 협력형태로 진행되고 있었다. 마을 권역사업은 둘레길 조성과 운영, 문화커뮤니티센터 설립, 다목적 광장 형성, 건강관리실, 길부지의 수변 공원화, 마을 숲 조성, 전통 테마 경관 개선 사업 등으로 나타났다. 덧붙여 권역사업으로 농촌 마을 체험프로그램(떡, 한과, 조청 만들기)을 개설 · 운영하고 있었고, 또 농촌체험을 위한 숙박시설과 캠핑장을 운영하였다. 권역별 체험센터

운영에서 나오는 수익은 마을단위(신지1, 2, 3, 4리)로 공평하게 분배하는 것을 원칙으로 하고 있었으며, 현재까지의 권역별 운영사업의 결과는 비용 대비 수익의 비율이 현상유지 수준을 보인다고 했다. 박○○ 활동가에 의하면, “전국 50여 개 권역사업지가 있는데 그중 50%는 현상유지를 할 수 없으며, 10% 정도는 수익구조가 양호하고 40% 정도는 현상유지를 한다. 우리 마을 권역 센터는 현상유지 수준으로서 안정적으로 운영된다.”고 하였다.

그 밖에도 섶마리 마을사업은 선암서원을 활용한 전통문화의 재현에도 관심을 부여했다. 서원 내 사랑채 2곳을 활용한 고택숙박을 시행하고 있었고, 덧붙여 전통 다도와 다식만들기, 천연염색, 한지공예 등을 체험할 수 있도록 했다. 하지만 이런 마을사업의 경우도 근본적인 한계가 도사리고 있다.

어떤 한계가 따르는지에 대해 운강고택의 종손이신 박○○ 어르신의 의견을 들어본다. “초고령화 상황에서 일할 수 있는 젊은 층이 부족하여 어떤 새로운 사업거리를 발굴하여 운영하는 데 어려움이 많다. 관공서를 비롯한 몇몇 곳에서 마을 활성화를 위한 몇 가지의 제안을 해오는데, 고령으로 고택관리에 어려움이 있으며, 자식세대 중에서 마땅하게 맡을 수 있는 적격자가 없어 제안을 잘 받아들일 수 없다. 나의 대에까지만 고택을 관리할 수 있으며, 이후 어떻게 될 것인지에 대해 자신 있게 말할 수 없다.” 긴 역사와 전통을 가진 마을 여건을 하고 있으며, 이에 덧붙여 대도시 인근지역에 위치해 있는 비교적 좋은 마을

환경을 한 곳인데도 마을 미래에 대한 확신을 가질 수 없다고 하는 것이 오늘 한국 농촌의 현실로 볼 수 있었다.

마을 발전에 뜻을 둔 몇몇 활동가들은 선암서원 인근 도자기 공장부지를 생태공원화하여 마을 이미지 향상과 함께 관광객 유치에도 노력하고 있었다. 도자기공장의 큰 굴뚝에서 내뿜는 연기와 낡은 건물 등으로 인한 마을 이미지를 생태마을로서의 참신한 이미지로 전환할 수 있었다. 지자체의 지원과 주민의 적극적 참여를 얻어냄으로써 낡은 굴뚝을 '곰방대'로 탈바꿈시킬 수 있었고, 또 이를 관광자원으로 활용할 수 있었다. 덧붙여 지역 출신 문인작품을 활용한 시비를 비롯하여 각종 문학시설까지 건립하였고, 이를 관광화로 이어갈 수 있었다. 여기에 더해 생태공원 내 쉼터를 곳곳에 설치하였고 동창천을 배경으로 편안하게 걷을 수 있는 둘레길을 냈으며, 그리고 둘레길을 배경으로 강 건너편 용두소를 관람할 수 있는 전망대를 설치하였다.

이런 생태문화마을로서의 섶마리가 SNS를 통해 알려지면서 찾아오는 관광객이 부쩍 증가하고 있으며, 인근지역으로 귀농귀촌을 원하는 사람들도 크게 늘어나고 있다고 한다. 수려한 자연환경을 배경으로 마을 몇 곳에 카페가 개점하게 되었으며, 이런 카페들이 SNS를 타고 유명세를 타면서 최근 마을을 찾는 젊은 층도 증가하고 있다고 한다. 그러나 이런 현상이 마을과 마을단위 공동체성을 향상시킬 수 있느냐로 직결되는 것으로는 볼 수 없었다. 마을단위 공동체성은 주민들 간의 유기적 관계성을 바탕으로 한 친밀성에 토대해 가능할 것이기 때문이다. 마을을 찾는 '생활인구'가 증가한다고 해서 그것이 마을 주민 간의 결속력 향상으로 잘 이어질 수 없다고 보기 어렵다.

〈선암생태공원〉

〈생태공원 내 시비〉

4. 전설을 품은 용두소

용두소는 동창천의 물길을 따라 뻗어 있는 바위가 용의 모습을 닮았다 하여 붙여진 이름이라 한다. 풍수지리적으로 볼 때 이 지역은 용이 나타나 위쪽으로 오르는 것이 좋으나 지형상 내려가는 형상으로 용이 승천하지 못하고 용이 동창천의 물길을 따라 아래로 내려갔다는 설화를 품고 있다. 이런 전설이 있어서인지 용두소 주변의 동창천 물살은 한 곳으로 물이 몰려드는 형태로써 그만큼 물살이 세게 흐른다고 했다. 이곳에서 많은 희생자가 생겼는데 그것이 바로 이곳의 센 물살과 관련있다고 전해 주었다. 물가에서 보아서는 언뜻 깊지 않고 잔잔한 것 같지만 안으로 들어가면 생각보다 물길이 깊고 물결이 험하여 여러 명의 희생자가 났다는 것이었다.

용두소 뒤쪽으로는 신비하면서 영험한 모습을 한 산세가 일품이다. 용머리를 아래쪽으로 하여 하산하는 듯한 모습을 한 채로 여의주라고 불리는 주산(뚝뫼)이 위치해 있다. 현재 용두소의 위치에 정자를 지어 그때 모습을 역사로 간직하고 있었으며 또 원형모양의 언덕을 배경으로 울창한 소나무 숲을 조성해 놓고 있었다. 한 때 위용을 자랑했던 용머리 형상의 선바위는 2002년 류사호 태풍 때 소실되었고 지금은 이름만 남아 있다고 한다.

선암서원 소요당의 강습소에서 대문을 열면 용두소의 풍광을 한눈에 볼 수 있다. 용두소는 위로는 여의주를 품은 주산을 끼고 아래로는 유유히 물살을 가르며 흐르는 동창천을 내려다본다. 성현들은 이곳에서 학문을 논하며 '수신제가치국평천하(修身齊家治國平天下)'를 꿈꾸었을 것이다. 이런 자기 수양과 사람됨의 본성에 대해 먼저 탐구하려 했을 것이고, 그런 사람됨에 대한 성찰을 토대로 이웃의 마을 주민들에게 빛을 보이려 하였던 것으로 볼 수 있었다. 이런 이웃사랑의 실천이 가능할 때 비로소 국가사회 영역으로 진출하여 더 큰 사회적 관심을 드러내려 했고, 또 그런 사회적 관심을 실천으로 담아내려 했을 것이다. 옛 선비들의 시선에서 학문의 시작은 자기 자신부터 먼저 닦고 수양함으로써 사람됨의 구실을 제대로 할 수 있느냐에서 찾았던 것으로 보였다. 요즘 식으로 말하면 진선미를 다 갖춘 총체적 인간성을 겸비한 능력을 말할 것이다. 그런 품성을 갖춘 뒤 세상으로 나아가 치국평천을 도모했을 것이다.

요즘 공부는 자신을 둘러싼 치열한 수신의 공부에는 관심을 덜 갖고 세상으로 나아가 오로지 권력과 자본의 측면에서 출세하는 데 전념한다. 타자와의 경쟁공부를 통해 그를 제압하여 극복하려는 공부에 빠져 유아독존만을 끝없이 드러내려 할 뿐이다. 이른바 자기욕망을 채우기에 급급한 공부와 다르지 않은 것으로 볼 수 있다. 용두소와 그 주변의 멋진 풍광을 배경으로 그들은 자연적 이치에 순응하면서 인간으로서 가진 무한 욕망을 절제할 수 있는 인간화의 길을 연마하여 실천하려 했다던 점이 인상적으로 다가왔다.

〈1925년 용두소 모습〉

5. 공장터를 생태공원으로 탈바꿈하다

신지생태공원은 선암서원과 근접한 곳에 위치해 있었고, 방치된 폐도자기 공장을 민관의 힘으로써 생태공원으로 탈바꿈할 수 있었다. 이 지역에 도자기공장이 있었고, 이곳에서 각종 오염물질이 방출되었던 관계로 제대로 잘 관리될 수 없었던 것으로 보였다. 이에 방치상태로 있던 부지를 지자체가 중심이 되어 이 터를 매입하였고, 이곳을 마을 친화형의 생태공원으로 탈바꿈할 수 있었다.

공원 내에 다양한 식물과 여러 종류의 꽃들을 심었고, 곳곳에 쉼터를 만들어 편안하게 쉴 수 있는 공간을 마련하였다. 넓은 주차장을 갖추었고, 동창천을 낀 둘레길을 냈으며, 또 용두소를 관람할 수 있는 전망대를 만들었다. 화장실을 비롯한 각종 편의 시설을 갖추었고, 마을 역사를 재조명할 수 있는 작은 이야깃거리를 전시하였으며, 그리고 지역 출신 작가의 시를 시비로 제작하여 전시함으로써 문화예술이 살아 있는 '품격마을'을 만들고자 하였다. 기존 전통마을의 역사성에 현대미를 갖춘 문화성과 예술성을 덧붙이려 하였던 것으로 보였고, 이런 특징이 섶마리 마을의 고유성으로 볼 수 있었다.

공원 안에 들어서면 높다랗게 눈에 띄는 건축물이 있는데 이는 폐업한 도자기공장의 굴뚝을 활용해 환경조형물인 "곰방대"로 개조한 것이었다. 곰방대 높이가 36m, 둘레는 위(봉오리) 1.9m, 아래(목도리) 3.1m, 아래 끝(메뚜기)에서 입구(대통)까지

7.9m에 이르는 것으로써 곰방대 규모의 면에서 세계 최대 크기라 한다. 이렇게 세계에서 가장 큰 곰방대를 지어 마을의 특징을 알리려 한 것에서 이 마을이 지닌 나름의 인상적 모습을 볼 수 있었다. 이곳 분들의 마음속에서도 우리나라에서 가장 좋으며 으뜸이 되고자 하는 욕망이 있으며, 더 나아가 세계에서 제일이 되려는 욕망이 강한 것 같다는 생각을 해보았다. 이런 일등을 원하는 의욕이 있을 때 더 나은 지점으로 나아갈 수 있을 것이기도 하다. 기존에 있던 굴뚝을 잘 활용해 세계 최대 크기의 곰방대로 개조한 것은 참 재미있는 발상으로 보였다. 여기에서도 한국인의 국민성이 잘 반영된 것으로도 볼 수 있었다. 하기야 최고를 지향하는 것은 한국인은 물론이며 세계인 모두의 공통적 소망일 것이다. 그 옆에는 지역 시인인 박훈산 시비가 있으며, '보리고개'라는 시를 통해 우리의 선조들이 얼마나 힘들고 어렵게 질긴 삶을 살아왔는지를 애닯게 잘 담아내고 있었다. 특히 그가 표현했던 '봄은 슬픈 계절이다'의 표현에서 당시 사람들의 삶의 애환이 어느 정도였는지에 대해서도 느낌으로나마 엿볼 수 있었다.

어릴 때 시골생활을 하면서 특히 어머니들이 겪어야 했던 삶의 애환을 잠시 생각해보았다. 어려운 시절에 어머니들은 자식을 위해, 집안을 위해 갖가지 어려움을 견디어냈으며 삶의 무거운 짐에서 잠시라도 벗어날 수 없었을 것이다.

시골 마을에 생태공원을 만들어 자연환경을 예쁘게 꾸미고 또 문학을 소재로 감성을 풍요롭게 하는 인문적 환경을 조성한다는 것에서 농촌 마을의 변화를 읽을 수 있었다. 단지 자연을 비롯한 물질적 여건을 정비하는 데서 그치지 않고 인간으로서의 품격을 키울 수 있는 인문적 여건 조성에도 관심을 기울이는 것으로 볼 수 있었다. 이런 인문적 품격이 성숙하지 않을 때 온전한 사회발전이란 가능하지 않을 수 있기 때문일 것이다. 이런 모습은 미래 인류사회의 발전에 함의하는 바가 적지 않을 것이다.

〈곰방대: 세계 최대〉

〈시비: 보리고개〉

제2장
섶마리의 역사와 문화

1. 운강고택: 마을의 으뜸 고택

운강고택은 중요민속자료 제106호로 소요당 박하담(1479~1560)이 벼슬을 사양하고 이곳에 서당을 지어 후학을 양성했던 옛터 자리에 후손인 박중응이 조선 영조 2년 살림집으로 건축하였고 이후 오늘에 이르고 있다. 순조 24년(1814) 운강 박시묵이 큰 규모로 중건하였으며, 이렇게 지어졌던 집을 그의 호를 따서 운강고택으로 이름 붙였다. 약 1700여 평의 대지 위에 9동 88칸의 건물을 지었으며, 그밖에 두 개의 정원과 마당, 그리고 독립건물인 사당으로 이루어져 있다. 조선 후기 가옥 형태로서 안채와 사랑채가 구분된 ㅁ자형으로 구성되어 있으며, 전체적으로는 쌍ㅁ자형의 가옥구조를 하고 있다. 고택 형태는 안채, 사랑채, 중사랑채, 행랑채, 대문채, 곳간채와 가묘 등으로 구성되어 있다. 이런 점에서 운강고택은 당시의 고급 상류저택이었던 것으로 볼 수 있다.

운강고택을 중건한 박시묵은 당시의 세상에서 획기적이었던 최초의 기숙형 사립 교육기관을 세우는 데 재산의 상당부분을 기부하였다.

〈운강고택〉

〈운강고택 대문〉

이런 교육기관 설립은 지역 인재를 대상으로 지역성을 반영한 새로운 형태의 교육실시를 가능케 할 수 있었다. 이는 당시 교육사회적 여건에서는 획기적 사건으로 볼 수 있었다.

그 구체적 교육기관의 형태는 강학소 설립으로 나타났으며, 이곳에서 '강학소절목'이라는 최초의 지역특성화 교육을 실시할 수 있었다. 이 학교에서는 인근의 몇몇 서원에서 추천을 통해 선발된 학생들을 대상으로 학비와 숙식료를 받지 않았으며 오로지 공부에만 전념할 수 있도록 했다. 종래 한 사람의 스승이 수업을 전담하여 가르쳤던 방식에서 벗어나 각 분야별 전문가를 강사로 초빙함으로써 전문적 수업방식을 도입할 수 있었다. 그는 강학소와 장학제도의 운영 매뉴얼까지 만들었는데, 그 구체적 형태는 '강학소절목'으로 나타났다. 이 '강학소절목'은 근대화 교육과 장학제도의 근간이 될 정도였다. '강학소절목'을 강학한 장소로는 인근에 위치한 대비정사와 만화정을 이용하였다. 이는 신명학교의 전신이 되었고, 추후 선암학교를 거쳐 오늘의 금천초등학교로 이어지고 있다.

이후 운강 박시묵의 아들 박재형이 지은『해동속소학(海東續小學)』은 우리나라 선인들의 말과 행실을 거두어 모아 소학의 체제를 본떠 만들어진 한국형 교재로서 그 교육사적 의의가 크다. 해동속소학은 박재형이 학생들에게 몸가짐과 마음가짐을 잘 닦고, 학문 연구의 기틀을 잡아주기 위한 수양서로서 그 내용은 선조들의 언행 중 학생들에게 본보기가 될 만하며 좋은 풍속으로 여겨질 만한 것을 골라 그 내용을 작성하였다.[1]

특히, 해동속소학의 저자였던 박재형은 학문을 '경(敬)'자에 달렸다고 보았다. 그는 선유(先儒)들이 경(敬)자를 의논한 글을 모아 한 권의 책을 만들고자 하였는데 그 내용을『집경요람(執敬要覽)』이란 책으로 담아냈다. 그는 이에 토대하여 신라 · 고려 · 조선시대 유현(儒賢)들의 서론(緖論)과 현인군자(賢人君子) · 절부(節婦) · 의사(義士)들의 사행(事行)으로서 세상에 모범이 될 만한 내용들을 수집하였고, 이를『해동속소학(海東續小學)』에 담아내었다.

해동속소학은 주자의『소학』이 중국 선현들 사례에 바탕하여 엮은 것이기에 조선의 것이 될 수 없었고, 이에 우리 정체성을 찾고 주체성 있는 수신서를 만들기 위해 편찬한 것으로 볼 수 있다. 해동속소학에 수록된 예문의 중요 인물은 이황(27회), 조광조(12회), 이이(11회), 장현광(9회), 조식(9회), 김안국(7회), 김

1 해동속소학 관련 자세한 논의는 김종권(1987). **해동속소학**. 명문당 및 박문형 옮김(2017) · 박재형 저. **해동속소학**. 박문현 참조할 것.

성일(6회), 이언적(6회) 등이었고, 이런 인물들 관련 인용을 통해 인간 삶에서 따라 할 교훈이나 모범을 우리의 것으로 대치시켜 담아내고 있다.[2]

이는 참으로 놀라운 대사건으로 볼 수 있을 것이다. 당시 기준에서 이 마을은 첩첩산중의 고립된 작은 고장이었을 것이고, 외부와의 소통이 쉽지 않았을 것이다. 이런 상황에서 운강고택 집안의 선비들은 나름의 세상을 놀라게 할 학문적 업적을 이루어낼 수 있었고, 그 내용이 고스란히 오늘에 이어지고 있으며 이미 몇몇 학자들은 이런 내용을 재조명하여 현대화하는 데 관심을 갖고 있다.

〈당시 선비들의 학문 뒤 모습〉

2 여기에 대한 자세한 내용은 김종권(1987). **해동속소학**. 명문당 및 박홍갑 · 김성우 · 신병주 · 김대웅 · 권오영 · 박인호(2019). **청도 밀양 박 씨 소고공파와 박시묵 · 박재형**. 경인출판사를 참조할 것.

〈해동속소학(海東續小學) 판목〉

〈해동속소학 관련 저서〉

2. 만화정(萬和亭): 양반문화의 정수

만화정은 운강고택의 부속건물로서 운강 박시묵이 1856년경 건립하였다. 소나무 숲이 울창한 낮은 언덕 위에 서남형 건물을 배치하였으며, 마루를 지면에서 한층 높게 만듦으로써 동창천을 훤히 내려다볼 수 있도록 설계하였다. 정자의 배치는 마루를 중심으로 서측에 한 칸의 방을 두었고, 동측에 2칸의 통방을 내었으며, 그리고 누마루 3면에 헌함을 돌려 바닥을 확장하였다. 아름답고 수려한 주변경관을 배경으로 별채를 지었으며, 이곳을 배경으로 문학과 학문을 공유하고자 하였을 것이다. 이런 모습을 통해 당시 양반들의 풍류 의식과 문학세계가 어떤 모습이었는지를 가늠해 볼 수 있다. 당시 양반들은 수려한 자연을 배경으로 문학과 시를 읽으면서 자연과 인간, 그리고 세상 이치를 탐구하려 하였을 것이고, 그것을 현실 세상에 드러낼 수 있도록 힘썼을 것이다. 이른바 유교의 이념체계를 적용하여 세상을 다스리고 유교 원리를 통해 더 좋은 세상을 구현하려는 노력을 다했을 것이다.

만화정이 자리한 운문 들판이 만화평(萬花坪)이기에 화(花)와 비슷한 소리인 화(和)를 취하여 만화정(萬和亭)이라 이름지었다고 한다. 중용(中庸)에서 중화(中和)란 "중(中)은 천하의 큰 근본이고, 화(和)는 천하에 통용되는 도(道)"라 한 데서 비롯되었음에 비추어, 운강 박시묵은 '화(和)'의 의미를 "한 집안에는 한 집안의 천지 만물이 있으니 부자와 부부, 신첩이 사람마다 각기 제자리를 얻는 것이 일가의 위육(位育)이다."에 주목하였다는 것이다. 덧붙여, 그는 "화(花)를 바꿔 화(和)로 한 것은 화려함을 거두고 실질을 추구해야 함을 취해야 한다."에 유념하였다고 한다. 만화정에 걸려 있는 시문편제로 남아있는 「만화정기(萬和亭記)」의 내용을 통해 만화정 설립과 그 기능 등의 의미를 되새겨볼 수 있다.

만화정기(萬和亭記)[3]

도주(道州)의 산은 운문산(雲門山)에서부터 동쪽으로 굽이치고 북쪽으로 뻗치는데 산세가 가파르면서도 빼어나다. 골짜기를 나와 30리쯤 가면 만화평(萬花坪)이 있는데, 논도랑과 밭두둑이 한눈에 펼쳐지고 벼 이삭은 이랑에 가득하다. 두 물줄기가 산을 끼

---

3 이수환 외(2020). **청도 역사인물 선양화 사업연구용역**. 영남대 민족문화연구소를 참조할 것.

고 흐르다가 공암(孔巖)과 석량(石梁)의 여러 명승지를 지나 선호(仙湖)에 이르러서 용암(龍巖)이 되고 봉연(鳳淵)이 되는데, 물가와 평지에 우뚝 솟아 있고 깊은 못은 맑고 푸르다. 그 위에 소요당(逍遙堂)과 삼족당(三足堂) 두 선생의 사당이 있고, 사당의 서쪽 가까운 곳에 섬호(剡湖)라는 마을이 있으니 박 씨(朴氏)의 세거지이다. 물은 이 마을 곁에 이르러 더욱 크고 세차게 흘러가며 넘실넘실 일렁이는 데 한쪽 면의 깍은 듯한 암벽은 낚시터나 누대의 위치로 적격이다.

나의 벗 박휘도(朴輝道)가 그 터에 정자를 짓고 '만화(萬和)'라고 편액을 걸었다. 나는 일찍이 올라 바라보면서 술잔을 잡고 즐겼다. 휘도가 나에게 기문을 청하면서 말하기를 "들판의 이름은 만화(萬花)로 정자가 그 위에 있기 때문에 이름 지은 것인데, 화(花)를 바꿔 화(和)로 한 것은 화려함을 거두고 실질을 추구하는 뜻을 취한 것입니다."고 했다.

나는 화(和)의 뜻이 대단히 커서 천지가 자리하고 만물이 길러지는 것이 중화(中和)의 지극한 공효이니 시골의 가난한 선비가 견줄만한 것이 아니라고 생각했다. 휘도가 말하길 "내 어찌 감히 그런 뜻으로 말하겠습니까? 그러나 일찍이 중용(中庸)에서 요 씨(饒氏)의 설(說)을 보았는데 '한 집안에는 한 집안의 천지만물이 있으니 부자와 부부, 신첩이 사람마다 각기 제자리를 얻는 것 이것이 일가의 위육(位育)이다.'고 하더군요. 제가 영민하지는 못하지만 원하건대 이것을 배우고자 합니다. 진실로 여기에 부응하지도 못하면서 이름만 앞세웠으니 주제넘은 짓이지요."라고 했다.

나는 옷깃을 여미고서 "듣자 하니 그대가 집 안에 있으면서 일족을 대함에 재물을 가벼이 여겨 베풀기를 좋아하며, 효로써 부모를 받들고 의로써 자제를 가르친다고 하는데, 이것이 정자를 이름지어 붙인 이유겠지요. 비록 그렇긴 하지만 한갓 이름을 내세우는 것은 뜻을 세움만 못하고, 한갓 뜻을 세움은 배우는 것만 못한 법이지요. 휘도 그대는 서가에 책을 가득 쌓아두고서 옛사람을 흠모하니 한번 한가한 날에 정자에 올라가서 조용히 살펴보십시오. 흐르는 물과 우뚝한 산이 움직이고 고요한 사이에서 도의 오묘함을 체득하여 한 덩어리 총화(總和)한 기운을 항상 가슴 속에 담아둔 뒤라야 만화(萬和)라는 이름에 부끄럽지 않게 될 것입니다. 굽은 난간을 지어놓고 옥류(玉溜)와 순봉(筍峰)의 기교를 꾸며 놓는 것 따위야 구경하는 사람이 마땅히 스스로 판단할 부분이니, 제가 말해도 좋고 말하지 않아도 좋을 것입니다." 고 했다. 이것으로 기문을 삼는다.

〈벗 응와(凝窩) 이원조(李源祚)가 기문을 짓다〉

박시묵의 아들인 박재형이 만화정 진입문을 유도문(由道門)으로 이름을 붙였는데, 그렇게 이름붙인 이유를 「유도문중수기」에 남기고 있다. 이는 만화정 입구의 현판으로 걸려 있다. 그 의미는 다음과 같다.

유도문중수기(由道門重修記)[4]

"선친께서는 일찍이 물가에다 만화정을 지으시고 그 문에 쓰기를 '유도문(由道門)'이라고 하셨다. 대개 화(和)라는 것은 천하에 두루 통하는 도리이고, 도(道)라는 것은 천만 사람이 당연히 걸어가야 할 길이다. 우리 문으로 들어오고 우리 정자에 오르려는 사람이 모두 이 길을 따르도록 한다면 실천하는 실상이 있게 될 것이다. 문이 오래되어 무너지자 나는 오래될수록 더욱 무너질까 걱정이 되어 임오년(1882) 여름에 기둥을 고치고 주춧돌을 바꿔 새롭게 하였다. 대략 그 대강을 기록하여 뒷날의 자손을 기다리니, 후대의 자손들은 이 길을 말미암아 행하고 이 길을 말미암아 지켜서 선친의 뜻을 저버리지 않아야 할 것이다."

〈불초남 박재형 기록〉

---

4 이수환 외(2020). **청도 역사인물 선양화 사업연구용역**. 영남대 민족문화연구소를 참조할 것.

3. 이승만 대통령 일화를 볼 수 있다

1950년 6.25 전쟁 중 엄청나게 많은 피난민이 신지마을의 동창천에 몰려들었다. 전쟁 상황에서 이승만 대통령도 영부인인 프란체스카 여사와 함께 남으로 후퇴할 수밖에 없었다. 부산으로 피신가던 이승만 대통령 일행은 수천에 가까운 피난민이 몰려 있는 이곳 섶마리 지역을 지나게 되었다. 대통령은 수많은 피난민을 두고 차마 이곳을 그냥 지나칠 수 없었을 것이었다. 피난민의 처지를 보고 마음이 아팠던 대통령은 그들을 격려·위로하고자 하루를 이 마을에서 묶게 되었다고 한다. 그렇게 묶게 된 곳이 이 마을의 운강고택과 별채인 만화정에서였다. 섶마리 주민들이 노령에 피난하는 대통령의 건강을 생각해 저녁때 프란체스카 여사 몰래 별채인 만화정에서 보신탕을 대접했다는 일화가 전해져 내려온다.

대통령은 보신탕을 아주 좋아했는데 서양 출신의 영부인이 개를 너무 좋아했던 관계로 제대로 식용으로 먹을 수 없었던 처지였다는 것이다. 전쟁 통에 정신적, 육체적으로 피폐해진 상황에 있었던 대통령에게 수행원들이 만화정에서 영부인 몰래 보신탕을 먹도록 배려했을 것으로 볼 수 있다.

이렇게 보신탕을 드신 이 대통령은 무척이나 흡족해했다고 하였다. 당시까지 한국인에게 보신탕이 가졌던 의미를 엿볼 수 있는 대목이다. 힘들고 어려운 시절을 살아야 했던 당시 한국인이 즐겨 찾았던 음식문화의 한 모습을 볼 수 있다. 혹독한 여름

철 자신의 몸 하나 제대로 건사할 수 없었던 어려운 시대적 여건에서 건강을 위해 어떤 식으로 살았어야 했는지를 엿볼 수 있는 대목이다. 지금처럼 풍요로움이 넘치며, 인권을 비롯한 동물권에로까지 생각의 여지가 넓혀진 시대 상황에서는 잘 이해될 수 없는 측면이기는 할 것이다. 다만 이 일화를 통해 당시 한국인 음식문화의 한 측면을 엿볼 수 있으며, 아울러 시골지역민이 가졌던 민심의 일부를 볼 수 있다.

〈옛 모습의 만화정〉

4. 선암서원: 지역학의 전당

선암서원은 경상북도 유형문화재 79호이며 삼족당 김대유, 소요당 박하담의 위패가 모셔져 있다. 처음 향현사로 건립되었다가 선조 10년 선암서원으로 개칭되었고, 고종 15년에 재중건을 거쳐 선암서당이 되었으며 그 상태로 오늘날에 이르고 있다. 강당인 소요당의 건물 구성은 정면 5칸, 측면 2칸으로 구성되어 있고, 강당 마루는 3칸, 양쪽 1칸의 방으로 되어있다.

서당 뒤편 장판각에는 보물 제917호로 지정된 「배자예부운략목판(排字禮部韻略木板)」과 경상북도 유형문화재 제208호인 「해동속소학목판(海東續小學木板)」, 경상북도 문화재자료 제108호 「십사의사록(十四義士錄)」 등이 보관되어 있었다. 현재는 장판각에 소장되었던 유물들을 관리하는 데 어려움을 겪었고, 이에 2005년부터 안동소재의 한국국학진흥원의 선암서원 판각실에 이전하여 보관하고 있다.

십사의사록(1900년경)은 임진왜란 때 밀양 박 씨 집안 14명이 의병운동을 일으켜 왜적과 싸웠던 일들을 기록한 목판이다. 배자예부운략목판(1615년~1679년)은 시나 운문을 지을 때 운을 찾기 위해 만들어진 기초사전이다. 해동속소학 판목은 조선후기 학자인 진계 박재형 선생이 고종 21년(1884)에 간행한 것으로써 128매로 구성되어 있다. 그 내용은 우리나라 선인들의 격언과 언행을 내외 편으로 분류하였으며, 내편은 입교로 가르치는 도리를 세운 내용 21장, 명륜으로 인륜을 밝힌 내용 43장, 교신으로 몸가짐을 삼가라는 내용 35장, 계고로서 옛일을 공부하여 고찰하는 내용 64장으로 이루어져 있다. 외편은 가언으로서 아름다운 말들을 담은 내용 74장, 선행사열 등 174장으로 구성되어 있다. 핵심 내용은 중국을 모방하는 모화사상이 깊게 뿌리내리고 있었던 시기에 민족주체성을 확립할 수 있도록 하였던 것을 주축으로 하고 있다.

그 밖에도 선암서원을 배경으로 이곳 선비들은 학문의 요람답게 왕성한 학문적 업적을 이룰 수 있었다. 그런 학문적 성취는 다음의 고문서 형태로 남아있으며, 현재는 대부분이 한국국학진흥원에 이관하여 보관 중이다.

〈선암서원 관련 고문서〉[5]

번호	문서명	작성연대	소개	소장처/출처
1	십사의사록 十四義士錄	조선시대	『십사의사록』은 임진왜란 당시 경상북도 청도에 우거한 박경신(朴慶新) 외 밀양 박 씨 문중 14인의 참전을 기록한 책	한국국학진흥원 (경상북도 문화재자료 제108호)
2	고유문 告由文	조선시대	청도군 매전면에 있는 운수정에서 선암의 선암서원으로 위패를 移安하기 위해 쓴 송간 황응규의 고유문	한국국학진흥원/ 송간집 (松澗集)
3	위안문 慰安文	조선시대	김대유와 박하담의 위패를 옮긴 후 황응규가 쓴 위안문	한국국학진흥원/ 송간집 (松澗集)
4	선암사우이건기 仙巖祠宇移建記	1577 (선조 10)	황응규가 청도군수로 재임 중이던 1577년(선조 10)에 지은 선암사우의 이건기문	한국국학진흥원/ 송간집 (松澗集)
5	조전일기 助戰日記	조선시대	박경신(朴慶新) 등이 청도, 밀양, 대구, 경주 일대에서 관군을 도와 왜적들을 섬멸한 일을 기록	한국국학진흥원/ 『십사의사록』권1

5 이수환 외(2020). **청도 역사인물 선양화 사업연구용역**. 영남대 민족문화연구소를 참조할 것

선암서원은 주택에 서당이 추가된 형태로 건립되었으며, 그 구성은 강당인 소요당, 안채, 사랑채인 득월정으로 되어있고, 기둥과 서까래에서 400년 세월의 위엄을 느낄 수 있다. 서원 내부의 선암서당 앞뜰에는 큰 배롱나무 두 그루가 자라고 있는데, 배롱나무의 굵기와 크기에서 서원의 연륜을 헤아려볼 수 있다. 뒤뜰에는 장판각이라는 정자가 있는데, 이곳 장판각의 소장품을 통해 선암서원의 학문 활동을 엿볼 수 있다. 해동속소학판목, 14의사록판목, 배자예부운략판목 등이 비치되었다는 표지판이 설치되어 있다. 규모는 그렇게 크지 않은 소박한 서당 모습으로 보였지만, 그 내용에서는 당시 이곳 마을에서 활동했던 선비들이 수행했던 학문 활동이 어느 정도였는지를 가늠해 볼 수 있었으며, 무엇보다 이곳에서 했던 학문 활동이 후학들의 활동에 아주 중요한 기여를 할 수 있었던 것으로 볼 수 있었다.

서원 밖에 서 있는 회나무를 통해서도 이곳 서원이 어떤 위상을 가졌었는지에 대해서 느낄 수 있다. 당시 회나무는 함부로 심을 수 없는 나무였다고 한다. 임금님 의중이 반영될 때 회나무를 심을 수 있었다며 마을 어르신이 전해주었다. 회나무가 세월의 무게를 이겨내고 이곳 선암서원 대문 옆에 버티고 있다는 것 그 자체만으로 서원의 역사성과 의미성을 가늠해볼 수 있다. 당시 선암서원은 회나무, 배롱나무, 용두소를 갖춘 수려한 자연풍광을 배경으로 지역 젊은이들에게 학문과 품행을 닦도록 하였던 것으로 볼 수 있었다. 이른바 지역 학문의 요람으로서 구실을 다할 수 있었던 것으로 보였다.

선암문중에서는 연 5−6회 서원을 개방하여 문중의 회의와 주민복지를 위한 행사를 개최한다고 하였다. 초복 때 동네 거주의 문중원 대상으로 피로연을 열었으며, 중복 때는 남성/여성 노인 모두를 초대하여 더위를 식힐 수 있도록 음식을 대접하였고, 말복 때는 남자노인 대상으로 피로연을 개최한다고 했다. 그리고 묘사와 같은 문중 행사가 있을 때 서원을 개방하여 격식을 갖춘 의례를 거행한다고도 하였다. 이를 통해 서원의 의미를 마을 주민들에게 알리고 있으며, 무엇보다 전통의 의미를 계승하는 데도 의의를 갖는 것으로 볼 수 있다.

서원이 문화재로 지정되어 있는 관계로 국가에서 건물관리를 하고 있어 큰 돈은 들어가지 않는다고 한다. 그렇지만 서원의 일상적 관리에 필요한 사소한 사항들, 곧 풀뽑기, 청소하기 등에서 관리가 쉽지 않다고 하였다. 고령화에 따른 인력충원이 쉽지 않아 외부기관에 위탁하여 관리하고 있다고 한다. 최근 서원 내의 사랑채 2곳을 개방하여 전통고택 숙박체험관을 운영 중에 있으며 전통 다도와 다식만들기, 천연염색, 한지공예 등의 체험기회를 제공하고 있다. 찾아오는 사람들이 조금씩 늘어나면서 문중의 누군가가 중심이 되어 서원을 책임지고 운영, 관리할 수 있느냐에 대한 논의가 일고는 있지만 아직은 구체적 대안을 잘 찾을 수 없다고도 하였다.

이처럼 농촌 마을은 초고령화라는 지금껏 경험하지 않은 길을 걸으면서 나름의 새로운 모색을 하는 것으로 보였다. 이런 문제의식이 있고 문제의 핵심을 파악하려는 의지가 있으면 아무리 어려운 난제가 있더라도 해결의 돌파구를 찾을 수 있을 것이다. 현재 한국 농촌 마을이 지고 있는 여러 가지 어려움이 있을 것이지만 문제해결을 모색하는 진취적(도전적) 생각들이 이곳저곳에서 생겨난다면 그 어떤 난제라도 해결의 실마리를 찾을 수 있을 것이라는 희망을 가져 본다. 초유의 지방소멸이라는 난제를 맞이하고 있지만, 우리의 강력한 의지가 있다면 그 해결책을 마련하는 것이 어렵지 않을 것이다.

〈선암서원내 소요당〉

〈장판각〉

〈선암서원 안채〉

〈서원 내 배롱나무〉

〈선암서원 내부〉

〈서원 내 득월정〉

제3장
섶마리의 마을공동체

1. 철마가 지나면 역촌이 된다

섶마리(신지리)는 유서깊은 전통과 역사를 품고 있는 마을로 중요 민속문화재 제106호인 운강고택 및 만화정을 비롯하여 선암고택, 도일고택, 명중고택, 운남고택 등의 10여 채의 고택이 밀집해 있다. 고택을 비롯한 기와집이 40여 동 있으며, 이런 형태에서 볼 때 이 마을은 지역의 대표적 양반 고을에 속하는 것으로 볼 수 있다. 그 옛날 인근 지역에서 이 마을을 지날 때는 말에서 내려 걸어서 지나야 할 정도로 격식을 차렸다고 한다. 그만큼 지역의 주민들은 이 마을의 양반들에 대해 경의와 존경을 다하였고, 또 당시 이 마을 양반들은 그들로부터 존경과 우대를 받을 만큼 선비로서 처신을 잘하였던 것으로도 볼 수 있다. 양반과 선비의 도가 그저 쉽게 이루어질 수 없음에 대해서도 어렴풋이나마 느낄 수 있었다.

신지리는 지체 높은 양반들이 사는 곳으로써 이 마을을 지날 때는 말에서 내려 말을 끌고 지나가야 할 정도로 대단한 위세를 지녔던 것으로 볼 수 있었다. 이 마을 양반 문화는 일제 강점기 때 경부선 부설의 선로변경 사건에서 잘 읽을 수 있었다. 일제 강점기 시절 경부선 철로의 최초 설계는 신지리를 통과하는 노선이었다고 한다. 이 지역은 지형적 위치에서 대구-자인-금천-유천-밀양으로 연결되는 핵심적 위치에 있었으며, 그런 지형적 위치였기에 난공사 없이도 철도부설에 편리한 곳이었다고 한다. 이런 철도부설에 대해 지역 양반들이 "철마가 지나면 역촌이 된다."는 논리를 들어 철로의 마을 통과를 강하게 막았다고 하였다. 이런 거센 저항에 부딪혀 일제는 현재의 경부선 노선인 남성현을 지나 청도 쪽으로 향하도록 철로를 내게 되었다는 것이었다. 지역주민의 거센 반대를 받아들여 노선 자체를 바꾼다는 것은 지금의 상황에서도 쉽지 않을 것이다.

당시 일제에서도 금천 섶마리 마을 양반들의 의지를 꺾을 수 없었던 것으로 보였다. 그 당시 양반은 사회지식인으로 여론주도층이었는데, 이들의 반대를 무릅쓰고 철도공사를 강행할 경우 민심의 거센 역풍을 맞을 것을 염려했던 것으로 볼 수 있다. 당시는 터널 만드는 공법이 발달하여 있지 않았으며, 무엇보다 지금의 시점에서 봐도 남성현 터널을 뚫는 것이 쉽지 않은 난공사로 보였는데, 일제가 이런 어려움을 감내하며 이곳 노선을 포기했다는 것이 선뜻 잘 이해될 수 없었다. 무려 4킬로미터(10리)에 이르는 긴 터널을 뚫는 노선으로의 변경이 쉽지 않았을 것으로 보이지만 일제는 이 지역 양반들의 뜻을 무시한 채 공사를 일방적으로 진행한다는 것이 더 어렵다고 판단했을 것이다.

지금의 시점에서 보면 그 당시 이 마을의 양반 수가 그렇게 많지는 않았던 것으로 보인다. 현재는 운강고택과 그 별채인 만화정, 도일고택, 명일고택 등의 십여 채에 이르는 고택을 볼 수 있다. 마을을 통과하는 도로를 사이에 두고 몇 채의 고택들이 위치해 있을 뿐이다. 많지 않은 몇몇의 양반들이 거주했던 곳이었는데 그들이 지닌 정치사회적 위상이 얼마나 대단했는지를 읽어낼 수 있을 뿐이다.

경부선 노선변경 관련의 이야기는 윗대 어른들로부터 전해져 오는 내용으로써 지역주민들에게 널리 알려져 있다고 했다. 전설과 같은 이야기로 들리지만 마을 주민들은 이런 이야기를 통해 마을 주민으로서 자부심을 가질 수 있었을 것이며, 또 마을 주민으로서의 자랑스러움과 뿌듯함을 느낄 수 있을 것이다. 사람에게 있어 이야기가 갖는 힘을 볼 수 있으며, 이야기를 통해 치유와 위로를 받을 수 있는 여지도 충분히 새겨볼 수 있다.

이런 위력에서인지는 몰라도 지금도 이 마을에서 빈집이 나왔다는 소식이 알려지면 주변에서 금방 매매가 들어올 정도라 한다. 이 마을에 거주한다는 사실 그 자체만으로도 존경과 우대 받음을 갖는 것으로 읽을 수 있었다. 이 마을 이야기를 통해 인간은 돈의 가치로만 살 수 없음을 볼 수 있다. 비록 그것이 무엇이든 정신적으로 의미가 있으면서 또 그것에서 가치를 느낄 수 있다면 삶에서의 행복감으로 이어질 수 있을 것이다. 외딴의 깊숙한 곳에 위치해 있는 마을이지만 마을 구성원이 되어 마을 주민으로서 깊은 소속감을 느끼는 것에서 정신적 위안을 받고 행복감을 느낄 수 있다면 그것으로 충분할 것이다.

경부선 노선변경을 통해 민심이나 여론의 힘이 어떤 역할을 할 수 있는지를 다시 한번 새겨볼 수 있다. 독재체제의 절대권력이 강력한 영향을 미치는 시대 상황에서도 민심을 읽는다는 것은 무시하지 못할 중요한 정치적 이슈였음을 잘 볼 수 있다. 당시 여론주도층이었던 양반들의 뜻에 어긋나면서까지 통치하는 것에 일제는 큰 부담을 느꼈던 것 같았다. 예나 지금이나 민심이 천심임을 다시 한번 확인할 수 있었으며, 무엇보다 주민의 뜻에 반하는 정책을 시행하는 것에서 정치가는 큰 부담을 느꼈음을 알 수 있었다.

〈섶마리 고택 표지판〉

〈고택 주변의 길과 담장〉

2. 피난민 섶마리에 몰려들다

6 · 25 당시 군위, 상주, 영주 등의 지역에서 수많은 피난민들이 남쪽으로 밀려들었다. 이렇게 남으로 밀려든 피난민들은 자인지역을 지나 현재의 운문댐 하류인 동창천 냇가로 몰려들었다. 그 수가 수천에 이르렀다고 하며, 당시 동창천의 양편을 꽉 채울 정도로 빽빽이 운집하게 되었다고 한다. 그때 동창천은 지금과 비교해 강폭이 크고 수량이 많았으며, 강 양편에 작은 자갈밭으로 온통 덮여 있었다. 피난민들은 이곳을 터전 삼아 무려 한 달 정도를 머물렀다고 한다. 자갈과 돌로 간이천막을 치고 집집마다의 영역을 표시하였으며, 옹기종기 다닥다닥 붙어살면

서 하루하루를 겨우겨우 연명해갔다고 하였다.

동창천에서의 피난 생활은 생지옥을 방불케 하였다는 전언이다. 13세의 나이에 피난민의 생활상을 경험했던 박○○ 어르신의 증언(83세)을 잠시 들어본다. "소를 몰고 온 피난민들이 연이어 소를 잡아 서로 팔고 사면서 하루하루를 버티어 갔다. 먹을 것은 없고 어딘가에로부터의 원조도 되지 않았던 상황에서 지금 갖고 있던 소부터 잡아서 끼니를 해결해야 했다. 어른들은 매일매일 이곳저곳에서 소를 잡았고, 잡은 소고기를 흥정하며 강변 이곳저곳에서 국을 끓이며 하루하루를 연명해갔다. 마을 주민들도 집 안에 있는 장과 반찬 등을 나누어주었으며, 또 밭에서 키운 콩잎과 그 밖의 여러 농작물을 서로 간에 나누면서 최소한의 먹고사는 문제를 해결하려 했다. 하루하루가 아비규환의 연속이었다. 모두가 죽기살기식의 생활을 하면서 힘든 시기를 버텨갔다. 이런 어려운 상황에서도 당시는 가진 것이 적더라도 돈과 관계없이 서로 간에 나눌 수 있었고, 그런 작은 나눔을 통해 그 힘들었던 피난살이를 이겨낼 수 있었다."

피난민이 지나간 후 동창천은 뽀얗고 반짝이던 흰 자갈밭이 새까맣게 변화되었을 정도로 큰 흔적을 남겼다고 했다. 한 달여에 걸친 피난 생활에서 피난민이 겪었던 어려움은 말로 표현하기 어려울 정도였을 것이다. 죽어간 시신이 곳곳에 널려 있었고, 먹거리를 둘러싼 갈등이 이곳저곳에서 벌어졌다고 했다. 강변 이곳저곳에서 불을 땠고 생활 용기로 사용했던 흔적들로 가득하였으며, 그들이 떠난 뒤 강변의 자갈들에는 때가 새까맣게

끼일 정도였다. 사람들로 북적이다가 모두가 떠난 뒤 동창천은 황량함만이 남아서 한동안 동네 사람들에게 잊을 수 없이 깊은 상처를 남겼을 정도였다고 했다.

6 · 25 이후 10여 년의 세월이 흘렀을 때 당시 피난 생활을 했던 몇몇 분들이 섶마리를 찾았는데, 과거를 회상하며 당시의 어려움을 함께 나눌 수 있었다고 했다. 마을 어귀에서 이발소를 경영하고 있었던 박○○ 어르신에 따르면, 피난살이를 했던 이들이 동네를 찾아와 피난시절 어려움을 같이 나누면서 빚졌던 분을 찾았고, 그들에게 고마움을 표시하였다고 했다. 피난민에게도 동창천에서의 피난살이가 깊은 인상으로 남았던 것으로 보인다.

〈동네 어르신과의 인터뷰〉

3. 섶마리 마을 공동체가 살아 있다

섶마리 마을의 특징은 마을 단위 연대성 형성에서 잘 나타난다. 밀양 박 씨 문중 중심으로 선암서원이 세워졌으며, 또 서원 중심으로 유교이념 중심의 학문활동을 전개하였고, 이런 학문적 관심을 마을 주민들의 윤택한 생활에 이어질 수 있도록 하였다. 특히 선암서원에서는 유교이념을 실사구시적으로 적용함으로써 주민들의 삶의 질을 높이고자 하는 데 각별한 관심을 가졌다. 이런 서원중심의 활동에 마을 주민들도 좋은 반응으로 호응하였다. 이런 양반과 지역민의 상호적 협조관계 구축은 마을 주민들의 연대성 형성에도 중요한 영향을 미칠 수 있었다. 이른바 선암서원의 학문활동은 유교이념의 장을 마련하는 데 그치지 않았으며, 주민들의 실천적 삶을 위한 연대공동체를 형성할 수 있는 중요한 발판을 제공할 수 있었던 것으로 볼 수 있다.

마을 주민 간의 연대성은 지금의 시점으로 이어지면서 섶마리 사람들의 일상적 삶에도 영향을 미치고 있는 것으로 볼 수 있었다. 마을 활성화에 관심이 많은 마을 활동가인 박○○은 섶마리 주민의 특성을 다음과 같이 알려주었다. "요즘도 섶마리 사람들 사이에서는 다툼과 갈등을 좀처럼 찾아볼 수 없다고 했으며, 이웃을 상호 배려의 마음으로 바라보며 정성을 다해 대하며, 또 찾아오는 외부인에 대해서도 차별 없이 성심껏 잘 맞이해준다. 이런 마을 주민의 착한 심성은 선암서원의 지역민에 대한 애민사상과 밀접히 연계되는 것으로 볼 수 있다."

6·25 때 수많은 피난민들이 동창천에 몰려와 생활할 때에서도 마을 주민의 대부분이 가난한 상태에 있었지만 그들에게 생활의 편의를 제공하는 데 주저하지 않았으며, 자발적으로 도움에 동참했다고 한다. 이런 마을 주민 간의 연대성은 선대 때부터 내려오는 선암서원의 사회적 역할 내지 책무성 정신에서 비롯되는 것으로 보였다. 전쟁과 같은 큰 위기 현상이 닥쳤을 때 마을 단위 연대 공동체성은 한층 더 빛을 발하는 것으로 볼 수 있는 대목이다.

세계화와 로봇 인공지능 시대를 맞이하여 오늘 우리의 시대는 온통 불확실성과 불안정성으로 가득 차 있다 해도 과언이 아닐 것이다. 이런 위기와 위험의 요소가 곳곳에 도사리고 있는 시대적 상황에서 그 중요한 대안은 마을 단위 공동체성에서 찾을 수 있을 것이다. 이런 점을 염두에 둘 때 섶마리 마을의 연대 공동체성이 우리에게 함의하는 바가 결코 적다고 할 수 없을 것이다. 위기의 시대에 당면할수록 마을 단위 주민 간 연대성과 공동체성은 새롭게 재조명될 중요한 가치일 것이기 때문이다. 이런 공동체성이 기능할 수 없다면 다가올 위기 시대 인간 삶이란 더욱 파편화하여 그 형체를 찾을 수 없을 정도에 이를 것이다. 이런 점에서 우리는 마을 단위 연대 공동체 구축에 더 주목할 필요가 있다.

4. 마을 연대 공동체의 구심점: 금천초등학교

금천초등학교는 금천면 신지1리에 위치하며 역사적으로 선암서원과 뗄 수 없을 정도의 깊은 관계가 있다. 선암서원 내에는 문강계, 휼출계 등과 같은 여러 '계'가 있었는데, 이런 '계' 는 재산의 일부를 남겨 후손들이 관리하도록 하면서 특정 목적 을 실현할 수 있는 바탕이 되기도 했다. 이런 계는 지역 유지들이 중심이 되어 기금을 모은 것에서 시작하였으며, 이렇게 모금된 기금을 바탕으로 하여 지역 현안(공익사업, 어려운 이웃돕기를 통한 상호부조 사업 등)을 해결하는 데 일정한 역할을 할 수 있었다. 문강계에서는 이렇게 모여진 자금의 일부를 지역민 자제를 위한 교육사업에 쓰기로 하였고, 이 기금을 토대로 신학문을 위한 '신명학교'를 설립할 수 있었다. 신명학교는 몇 번의 교명 변경을 거쳐 오늘의 금천초등학교에 이른다.

당시 이 마을 지역에서는 여러 형태의 계가 있었는데, 계는 지역 수익사업을 위한 중요한 물적 기반이었다고 한다. 자본형성이 쉽지 않은 당시 시대 상황에서 지역민들은 뜻을 같이하는 사람들끼리 모여서 출자하여 기금을 불리는 식으로 계를 운영하였다. 계는 할아버지가 아들에게, 그리고 손자로 이어지면서 어떤 경우는 큰 목돈을 만들 수 있는 중요한 바탕이었다. 이렇게 큰 목돈으로 불어난 자본의 일부를 자신의 제사를 위한 몫으로 일정부분을 떼어놓고 나머지를 마을을 위한 공익사업에 투자할 수도 있었다. 큰돈으로 불어난 자금을 바탕으로 후손들은 목적에 맞도록 기금으로 내놓았고, 그것이 각종의 공익성 마을 사업의 활성화에 활용될 수 있었다. 이른바 마을 단위 '사회적 자본'의 위력을 엿볼 수 있는 대목이다.

밀양 박 씨 선암문중의 대표이시던 섬암 박병현(문강계 학파)은 1906년 12월 19일 신학의 필요성과 중요성을 일찍부터 알았다. 이에 그는 선암문중원의 뜻을 모아 문중재산인 땅 89.156m²(임야포함)을 기부하였는데, 그것이 사립 신명학교 설립에 기반이 되었다. 1917년 3월 16일 사립 선암학교로 교명을 바꾸었고, 1919년 6월 2일 금천공립보통학교로 바뀌었다. 금천공립보통학교의 교과목은 수신, 국어겸 한문, 산술, 이과, 창가 체조, 농업 등으로 구성되었다. 1941년 4월 1일 금천국민학교로 교명이 변경되었으며, 1996년 3월 1일 현재의 금천초등학교로 교명이 다시 변경되었다.

금천초등학교는 청도군 전체에서 청도초등학교 다음으로 개교된 긴 역사를 가진 학교라 한다. 당시 지역인재 육성의 중요성을 인식했던 일부 뜻있는 지역유지들이 지역 자녀를 위해 학교설립에 뜻을 모았던 것으로 볼 수 있다. 교육에 관심이 그렇게 크지 않았던 시대적 상황에서 지역 젊은이들을 위한 전문적 교육기관을 설립하였다는 것은 획기적 사건으로 볼 수 있다. 요즘 시대의 기준에서야 교육기관을 통한 자녀교육이 일반화된 사회적 통념이지만 당시의 여건에서 지역의 일부 선각자들이 교육기관 설립을 통해 지역 청년들의 체계적 육성에 관심을 기울였던 것은 놀라운 대사건으로 보인다. 지역에서 초등교육을 마친 자녀들은 인근의 경산과 대구를 비롯한 넓은 지역으로 진출할 수 있었고, 그들이 서울과 대구 등의 명문대학에 진학할 수 있는 교육적 토대를 마련할 수 있었을 것이다. 지역에 이런 학교설립을 시도하였다는 것은 지역 젊은이들이 더 넓고 큰 세상으로 나아갈 수 있는 발판 구실을 했을 것이다. 그들은 남들보다 일찍 신학문에 눈뜰 수 있었으며, 그들 중의 일부는 한국은행 총재, 교육부장관, 국회의원, 다수의 학자와 기업가 등으로 성장할 수 있었다. 그 시작은 마을단위의 소학교설립으로 출발하였지만, 그 성과는 국가경영에까지 큰 영향을 미칠 수 있었던 심대한 대사건으로 나타났다고 볼 수 있다. 세상에서 선각자 역할이란 이런 것이 아닐까 싶다. 남들이 가지 않은 길을 가고 하지 않은 일을 착수하는 것에서 그 성과도 그만큼 클 것이라는 생각을 해보았다.

선암서원의 총무일을 맡고 있는 박○○ 어르신은 자신이 1968년 졸업할 때 금천초등학교 학생이 1300여 명이었는데, 현재(2021년) 전교생이 57명으로 줄어들었다고 한다. 자신은 물론이고 자식들까지 이 학교를 졸업했고 지금은 손자가 2학년에 다니고 있는데 2학년생이 7명에 불과하다며 안타까워했다. 현재 한 학년별로 6명에서 10명 정도의 학생들이 다니고 있다고 했다. 한때 학생들이 넘쳐나 오전반/오후반 형태로 학교를 운영했는데, 이렇게 줄어든 학생 수를 보면 세상의 격세지감을 느낄 수 있다고 한다. 이 좋은 교육적 여건에 더해 오랜 역사성을 간직한 학교 환경인데도 초저출산, 초고령화 경향을 피해갈 수는 없는 것 같다. 한편에서 한국 농촌사회가 당면한 초고령화와 초저출산화 경향으로 볼 수 있지만, 그동안의 산업화 과정에서 농촌사회가 가야 할 방향에 대해 제대로 대응하지 못한 모습으로도 볼 수 있다. 오로지 경제적 차원에서 좀 더 잘 살고 더 윤택해져야 한다는 경쟁논리에 너무 집중한 것은 아닌지에 대해 반성적으로 바라볼 필요가 있을 것이다. 잘 산다는 것의 의미에 대해 다시 한번 되돌아보고 새로운 가치를 정립할 필요가 있을 것 같다. 그것이 국가사회의 모든 구성원에게도 더 선한 영향을 줄 수 있을 것이기 때문이다.

2020년은 금천초등학교 역사에서 중요한 해였다고 했다. 졸업생 기준으로 100주년이 되는 해로서 큰 행사를 계획했는데, 코로나의 영향으로 지금까지 연기 중에 있다고 했다. 이처럼 섶마리 마을 주민의 학교에 대한 관심과 애정이 남다르게 보였다. 그 이유는 지역과 함께해온 학교였던 것에서 찾을 수 있을 것이다. 바로 지역과 함께하는 지역사회 학교로서의 의미가 어떤 것인가에 대해 느낄 수 있는 계기였으며, 지역민으로부터 사랑받는 학교가 있다는 것이 어떤 의미인지를 새길 수 있었다.

〈금천초교 옛 모습〉

〈금천초등학교 현재 모습〉

5. 선주민 이주민을 포용하다

2022년 7월에 마을 주민을 대상으로 하여 세계시민의식 함양을 위한 강좌가 열렸다. 베트남, 중국, 한국의 대표 음식을 맛보았으며, 또 이를 매개로 마을 주민, 결혼 이주민, 유학생 등이 함께 교류할 수 있는 자리를 만들었다. 총 4회에 걸쳐 진행된 본 프로그램에는 마을 주민 17명, 우간다, 르완다, 짐바브웨, 탄자니아, 카메룬 등 아프리카 대륙의 유학생 5명, 베트남 유학생 4명, 중국 유학생이 4명 등이 참여했다. 청도군 소재 베트남 출신 결혼 이주민 6명이 참여하였고, 이들의 효율적 교육지원을 해서 청도군가족센터 직원 3명이 함께 하였다.

농촌 마을 어르신 대상의 세계시민의식 강좌의 원활한 진행을 위해 전문강사 2명과 베트남, 중국, 그리고 한국의 대표 음식을 소개할 음식 전문가 1명도 참가하였다.

첫째 날, 낯설음에서 호기심으로

7월 1일 첫째 날은 아프리카 출신 유학생과 청도군 소재 베트남 출신 결혼 이주민 등이 참여했으며 '알게 되는 세계시민'을 주제로 교육이 이루어졌다. 세계시민이란 무엇인지, 세계시민이 되기 위한 첫걸음은 어떻게 내디뎌야 하는지를 생각해보도록 하였다. 신지1리 마을회관에 모인 마을 주민 10여 명은 모두 80대 이상의 어르신이었다. 마을 어르신들이 평소 외국인에 대해 갖고 있는 정형화된 고정관념에 변화를 줌으로써 모두가 세계시민으로 융합하여 함께 잘 살아가야 한다는 메시지를 전해주는 것에 첫째 날 강좌의 목적을 두었다.

고령의 마을 주민들은 대부분 외국에 대한 이중적인 면을 보였다. 피부색에 따른 호감도가 확실하게 구분되는 것으로 보였다. 우리나라와 비슷한 동양인에 대해서는 거부반응이 크지 않았으나, 피부색이 검은 흑인에 대해서는 거부반응이 큰 것으로 나타났다. 교육프로그램에 참여한 아프리카 출신 유학생들에게 드러낸 반응에서 이를 여실히 볼 수 있다.

"아이고 무시라, 뭐 저래 시커먼 사람들이 들어오노, 무섭구로."

할머니들은 뭔가 속을 알 수 없고, 체형이나 체격면에서 크다 보니 두려움과 공포의 대상으로 바라보았다. 그렇지만 그들은 다른 한편에서 머리 모양을 비롯해 여러 모습에 호기심을 갖고 유학생을 바라보았다. 유학생들이 한국말로 자신들을 소개하고 고향에 계신 할아버지, 할머니 얘기를 하였으며, 이어 진행된 세계시민과 관련된 게임에 참여한 뒤부터 외모만으로 그들을 바라보던 인식에서 조금씩의 변화를 보이기 시작했다.

"시커매도 우리랑 똑 같네. 발바닥은 하얗네."

"이야기 해보니 한국말도 잘하고 재밌데."

"또 언제 놀러오노."

첫째 날은 지역에 거주하는 베트남 출신 결혼 이주민과 함께 베트남 쌀국수로 점심을 먹으면서 상호간 교류를 시도하고자 하였다. 결혼 이주민 주도로 베트남 전통 쌀국수를 토렴하여 상을 차리고 베트남에서 인기있는 연유 커피를 후식으로 함께 마셨다. 쌀국수 국물에 생숙주를 넣는 것에서 비린내가 날 것을 걱정하였던 어르신들은 의외로 부드러운 국수의 질감과 구수한 국물을 맛본 뒤 베트남 음식에 관심을 갖기 시작했다. 유학생들과 마주보며 쌀국수를 먹던 어르신들이 유학생들에게 궁금한 것을 질문하기 시작했다. '무슨 일을 하는지? 한국에는 왜 왔는지? 가족 관계는 어떻게 되는지?' 등에 대해 농촌 어르신들이 질문하셨고, 이에 몇 나라 출신의 유학생이 웃으면서 성실히 답변해주었다.

고령의 마을 주민과 유학생, 결혼 이주민 간의 첫 만남은 의외로 자연스럽게 이루어졌다. 세계시민의 첫걸음은 상호 접촉을 통한 교감으로 시작하였으며, 함께 밥을 먹으며 정을 쌓아가는 우리의 전통 방식을 가미한 형태로 진행하였다. 이처럼 서로 간의 자연스런 만남을 통해 선주민과 이주민 간 소통의 세계를 열 수 있었다. 처음 서로 간에 서먹서먹하고 냉랭한 상태의 관계였지만 음식을 매개로 마주보고 대화의 물꼬를 열게 되면서 서로를 알게 되었고, 곧이어 서로를 이해하는 지점에 이르는 것으로 볼 수 있었다.

둘째 날, 친해져 봅시다

7월 5일 둘째 날은 '깨우치는 세계시민'을 주제로 교육이 이루어졌다. 중국 유학생이 참여했으며, 이날은 특별히 경북 행복 도우미로 활동하는 두 분이 소문을 듣고 교육장소를 찾았다. 중국 유학생들은 영남대 대학원 사회학과에서 석 · 박사 과정을 밟고 있는 재원들이다. 중국 유학생들과 함께 중국풍 도시락을 함께 나누며 비슷하면서도 다른 중국문화를 이해하고 친해지기로 했다.

교육의 첫 시작은 중국 유학생들의 인사에서 시작되었다. 두 번째 만남이라 22여 명의 마을 어르신들은 얼굴에 기대감이 서려 있었다. 젊고 싹싹하며 활기찬 중국 유학생들 모습에 어르신들은 마냥 소녀처럼 예뻐하시면서 거침없는 질문을 던지셨다.

"중국 꺼 못쓴다. 다~ 안좋다. 질이 나쁘다."

"한국 물건중 좋은 것도 있고 나쁜 것도 있듯이 중국 물건도 좋은 것과 나쁜 것이 있어요. 다 나쁜 건 아니에요."

"중국 사람들은 아침에 뭐 먹노?"

"중국 사람들은 주로 아침에 죽이나 국수, 만두를 먹어요."

마을 어르신들은 평소에 알고 있던 중국인이나 중국문화에 대한 고정관념을 털어 놓기 시작하였고 유학생들은 이런 할머니들의 질문에 자신의 생각을 소신껏 알려주었다. 바로 이웃에 있는 나라지만 아침에 밥과 국에 반찬을 곁들여 먹는 우리와 달리 죽이나 국수 또는 만두를 먹는 음식문화에 대해 다름을 인정하며 고개를 끄덕이셨다.

"중국사람이 아침에 죽을 주더라도 이해해야겠네."

한국 드라마를 매개로 대화를 이어나갔다. 드라마 속 중국 노래를 유학생 이○○이 멋들어지게 불러줌으로써 분위기가 한층 화기애애해졌다. 80대 고령의 어르신들과 20대 중국 유학생이 하나로 어울려 노래를 부르며 훨씬 친숙해질 수 있었다. 꽃빵, 고추잡채, 춘권피, 깐풍표고 등 중국풍으로 이루어진 도시락을 먹으면서 음식을 통한 중국 관련 인식을 확장해 갈 수 있었다.

"언제 중국음식 묵어보노, 빵 이거는 우째 묵노?"

"꽃빵을 조금 뜯어서 고추잡채랑 함께 드시면 맛있어요, 중국에서는 아침, 저녁으로 꽃빵을 먹어요."

"미리 말해야지, 벌써 고추잡채 다 묵었다. 다음에는 갈차주는 대로 무봐야 되겠네."

셋째 날, 더불어 사는 삶

7월 8일 셋째 날은 '더불어 사는 삶'을 주제로 교육이 이루어졌다. 이 날은 유학생 없이 군 소재 베트남 출신 결혼 이주민 6명이 참여하였고, 그들 중심으로 마을 어르신들과의 교감을 나눌 수 있었다. 세계 속 한국 기업의 모습을 통해 세계 각 나라와 상호 발전하는 한국상을 제시하였으며 이 과정을 거치며 세계시민 의식을 키우고자 하였다. 또한 우리의 일상생활 속에서 일어나는 환경오염에 대해 생각해볼 수 있도록 하였고, 환경적 삶의 실천에 대해 결혼 이주민들과 함께 생각을 나눌 수 있도록 했다. 특히 환경오염의 심각성 관련 사진을 보여주었고, 이를 통해 환경의 중요성을 실감할 수 있도록 했다.

"인자 동곡장에 가문 비닐봉다리 대신 장바구니 들고 가야겠다."

"비닐봉다리를 영 안 쓸 수는 없는데 우짜든지 애끼보께."

셋째 날 수업을 통해 마을 주민과 결혼 이주민 간의 관계가 한층 가까워질 수 있었다. 결혼 이주민과 함께 짜조, 소고기 숙주볶음, 아림두부튀김 등으로 이루어진 베트남풍 도시락을 나눠먹었으며, 이어 한국살이를 둘러싼 여러 이야기를 주고받았다. 마을 어르신은 현재 청도군에 살고 있는 결혼 이주민에게 격려와 위로의 뜻을 전했고, 한국살이를 고맙게 생각한다는 뜻을 전했다. 이에 결혼 이주민들도 마을에서 같이 살아가는 동네 어르신의 관심에 큰 감사를 느낀다고 인사를 건냈다. 이런 상호적 관계 형성이 가능할 때 세계시민 의식은 한층 성숙해갈 것이다.

"우리도 옛날에 시집살이 한다고 고생했는데... 코로나가 터져가 친정도 못가보고 얼매나 부모형제가 보고 싶겠노."

"고생많데이, 이리 촌에 시집와서 얼마나 이쁘노."

수저에 반찬을 올려드리며 "입맛 없어도 드셔야 기운이 나지요?"

"외국 사람들도 자꾸 보니까 우리랑 똑같네, 이~쁘다."

넷째 날, 땅도 마음도 건강하게

7월 12일 넷째 날은 '함께 하는 세계시민'을 주제로 교육이 진행되었다. 첫째 날 함께했던 아프리카 출신 유학생들과 베트남 출신 유학생이 참여하여 마을 어르신 20여 명과 함께했다. 넷째 날은 토양의 건강성 회복을 위해 우리가 해야 할 일이 무엇인지에 대해 알아보는 것이었다. 아프리카 대륙은 커피 재배와 농사에 친환경 비료를 사용한다고 했고, 베트남은 망고 농장에 화학비료를 6번 정도 사용한다고 했다. 한국은 모든 농작물 재배에 화학비료를 사용해야 한다는 현실을 직시하면서 화학비료가 지구생태계에 미치는 영향이 어떠한지에 대해 교육하였다.

넷째 날 함께 나눈 음식은 한국의 여름 보양식인 삼계탕이었다. 삼계탕을 나누며 각 나라별 닭요리에 관련된 이야기를 나눌 수 있도록 유도했고, 참여자들은 서로의 생각을 스스럼없이 드러낼 수 있었으며, 이런 대화를 통해 음식문화에 얽힌 다양한 이야기를 나눌 수 있었다.

"아프리카는 닭을 치킨처럼 튀겨먹고 볶아 먹어요, 삼계탕 먹어보니 맛있어요."

"여름에는 이런 음식 무야 보양되지. 시원하니 좋다."

"유학 온 학생들 잘 무라~ 그래야 여름 건강하게 난다."

4차례에 걸친 마을 단위 노년층 세계시민교육은 무사히 나름대로 큰 아쉬움을 남긴 채 마칠 수 있었다. 아프리카 출신의 외국인을 가까이에서 잘 만날 수 없었던 마을 어르신들은 그들을 놀람과 충격으로 바라보기도 하였지만, 서로를 조금씩 알아가면서 그들도 우리와 똑같은 인간이라는 사실을 알게 되었으며, 이후 그들도 우리와 대등하게 대우받으며 인간답게 살아야 한다는 사실에 대해서도 인식할 수 있었다. 선주민부터의 외국인을 바라보는 인식 상의 전환이 있을 때 우리 농촌 마을의 글로벌화도 한층 탄력을 받을 것이다. 우리 농촌의 새로운 전환은 외국인으로부터 환영받을 수 있는 '글로벌 빌리지' 구축여부와 밀접히 관련될 것이기 때문이다.

6. 우리는 세계시민이다

4주차를 마지막으로 '세계시민마을 만들기'를 통한 세계시민 의식 함양 교육의 막을 내릴 수 있었다. 지금까지 세계시민의식 교육은 학교나 다문화센터를 중심으로 한 청장년 대상의 교육이 일반적이었다. 이번의 경우처럼 농촌 마을 노령층 대상의 세계시민교육을 잘 찾아볼 수 없다. 이주민이 농촌 마을에 건강하게 정착하여 주민들과 조화롭게 살기 위해서는 선주민의 시민의식 육성이 무엇보다도 우선되어야 한다는 취지에서 교육을 시작하였다. 마을 어르신들은 이번 프로그램을 통해 한적한 시골마을에 찾아와준 것에 고마워했다. 또한 이론교육을 넘어선 외국인과의 직접 만남을 통해 상호 간 교감을 나눌 수 있도록 함으로써 현장감 있게 교육을 제공해준 것에 대해서도 감사를 표했다. 첫 만남 때의 낯설음은 점차 사라지고 유학생, 결혼 이주민, 그리고 선주민들이 서로 이해하고 서로를 받아들일 수 있었다.

특히 아프리카 출신 유학생들은 한국 농촌 거주의 대부분 노인들이 혼자 살아가는 모습을 보고 의아해했다. 베트남에서도 노인은 가족과 함께 살아간다고 했고, 주로 장남과 같은 공간에서 살아가며 몸이 불편하여 아플 때까지도 한국과 같이 요양병원에서 생활하는 것이 아니라 집에서 아들딸들이 잘 보살핀다고 했다. 르완다의 노인들도 대부분 집에서 손주들과 함께 생활하며 여생을 보내며, 탄자니아에서도 노인들의 대부분은 친척이나 이웃들과 함께 생의 마지막까지 산다고 했다. 이처럼 가족이 함께 모여 공동체로 살아가는 나라에서 온 유학생들은 마을 어르신들을 자신의 할머니, 할아버지를 대하듯 친근하게 바라보고 따뜻하게 다가갔다. 마을 어르신들 또한 처음 느꼈던 낯설음에서 벗어나 사람은 누구나 별반 다르지 않으며 우리와 똑같은 사람이라는 사실을 인식할 수 있었다.

처음부터 본 프로그램에 참여했던 청도가족센터 구성원은 유학생과 함께하는 세계시민교육 프로그램을 청도 전체를 대상으로 확대하여 실시하면 좋겠다는 의견을 보내왔다. 이런 프로그램이 있으면 농촌 어르신이 외국인에 대해 가졌던 선입견 해소는 물론이며 결혼 이주민에 대한 이해력을 향상하는 데 효과적일 것이라고 하였다. 인근에서 소문을 듣고 찾아온 경북도 행복도우미 활동가들도 유학생이 참여하여 마을 어르신을 대상으로 세계시민교육을 진행한 사례를 본 적이 없다고 하였고, 이 프로그램이 주는 참신성에 박수를 보낸다고 응원해주었다. 청도군 소재 다른 경로당에서도 이와 같은 프로그램을 운영할 수 있다면 농촌 어르신의 외국인에 대한 편견을 극복할 수 있으며, 또 어르신이 외부인을 바라보는 시선을 개선할 수 있을 것이라 했다. 신지1리에서만 이와 같이 교육프로그램을 진행한다는 사실이 아쉽다며 더 확대하여 운영할 수 있기를 희망한다고 했다.

♠ 가을밤 세계음악회

세계인이 참여하는 음악회를 통해 서로 이해하고 소통할 수 있는 교류의 장 마련을 위해, 금천 섶마리 신지생태공원을 배경으로 '가을밤 세계음악회'를 개최했다. 마을 주민과 영남대 유학생, 청도군 다문화가족, 대구 · 경북지역 예술인 등이 주체가 되어 음악회를 열었다. 음악을 매개로 이주민에게는 자긍심을 고취하고 선주민에게는 이주민에 대한 포용성 확립하는 데 도움을 제공하고자 하였다.

음악회는 10월 3일 토요일 저녁 6시 가을밤의 운치를 느끼면서 지역민, 유학생, 다문화가정 등의 150여 명이 참여한 가운데 성대하게 막을 올렸다. 지역 예술인의 섹소폰 공연을 시작으로 여러 출연자들이 번갈아 노래솜씨를 뽐냈다. 축하공연으로 한복 패션쇼가 이어졌고, 유학생 대표 이○○(중국), 나○○(방글라데시), 지○(우간다) 등이 나서서 흥을 돋웠다. 뒤이어 지역 출신 가수의 축하공연이 이어졌고, 다문화가족의 공연도 뒤따랐다. 베트남 출신 결혼 이주민 흰○○는 구수한 트롯트 노래를 들려주었고, 필리핀 출신 결혼 이주민 몬○○○○○는 댄스 실력이 남달랐으며, 다문화학생 이○○는 노래 솜씨가 탁월해 참석한 관객으로부터 뜨거운 박수갈채를 받았다. 특히 지역 예술인이 연주한 대금타기에 여러 참가자들이 뜨거운 반응을 보이며 큰 감탄을 불러일으킬 수 있었다. 음악회가 진행되는 동안 마을 주민, 유학생, 다문화가정 등 누구나 할 것 없이 흥겹게 어울렸으며 서로 허리를 잡고 체인을 만들어 광장을 돌며 함께 즐겼다.

가을밤 세계음악회는 100여 명 정도 참여할 것을 예상했으나 당일 150여 명이 참여하여 세계음악회에 대한 지역민의 관심을 확인할 수 있었다. 유학생과 결혼 이주민, 마을 주민이 함께 참여함으로써 글로벌 음악회의 파급효과를 엿볼 수 있었으며, 이런 효과를 통해 선주민과 이주민의 세계시민의식 함양에도 기여할 것으로 볼 수 있었다. 세계음악회의 진행 과정을 유심히 살폈던 군의원으로부터 2023년부터 청도군과 영남대학교가 연계하여 유학생, 결혼 이주민, 마을 주민이 함께하는 세계음악회를 정기적으로 개최하고 싶다는 제안을 받을 정도였다. 이번 음악제를 통해 마을 단위의 음악행사가 갖는 의미가 어떤 위력을 줄 수 있는지에 대해 충분히 엿볼 수 있었다.

♠ Global Photo Festival

청도군 금천면 신지리 일대의 문화재와 특산물을 잘 알릴 수 있도록 하기 위해 Global Photo Festival을 개최했다. 청도군에 거주하는 결혼 이주민 대상으로 스마트폰을 이용한 사진 촬영기법 및 사진보정 기법을 강의하였으며, 이런 강의 후 섶마리 마을을 대상으로 구체적으로 실습해보기로 했다. 여기에는 영남대학교 사회학과 학부생들이 보조강사로 참여하였으며, 그들을 결혼 이주민과 1:1로 매칭하여 마을 활동에 참여하기로 했다. 섶마리 일대에 산재해 있는 여러 볼만한 곳과 마을에서 생산되는 여러 작물을 대상으로 학습한 사진기법에 따라 촬영하였으며, 이렇게 촬영한 사진작품을 주변에 홍보하기로 했다.

첫 모임은 22년 8월 22일(월요일) 열었다. 모더레이터(사진촬영 전문강사)를 중심으로 학부생 10명, 결혼 이주민 10명 등이 함께 모여 활동을 시작하였다.

먼저, 신지생태공원 내 선암서원에 모여 스마트폰을 활용한 사진촬영 관련 기본설정 방식에 대해 강의를 들었다. 모더레이터는 결혼 이주민과 학부생을 한팀으로 구성하여 스마트폰 속 카메라 기능 설정에 대해 학습하였다. 첫 만남이라 다소 어색해하고 쑥스러워하였지만 그들은 서로 간에 가깝게 다가서려 하였다. 이런 기능교육을 마친 뒤 그들은 선암서원과 신지생태공원, 운강고택 등을 배경으로 한국 전통한옥을 카메라에 담았으며, 덧붙여 한국 농촌의 전형을 간직한 섶마리의 자연환경까지 사진으로 포착할 수 있었다. 결혼 이주민 참가자중 한 명은 신지생태공원의 상징물인 세계 최대크기인 곰방대 배경으로 피어나는 구름과 절묘하게 연결하여 굴뚝을 통해 연기가 나오는 장면을 아주 실감나게 사진으로 담을 수 있었다. 이에 함께했던 팀원들로부터 감탄의 탄성을 자아낼 수 있도록 했다.

두번 째 모임은 8월 29일(월요일)에 있었다. 지난주 팀으로 활동했던 결혼 이주민과 학부생 등의 20명이 10팀을 구성해 사진촬영 활동에 참여했다. 이날 활동은 신지생태공원을 대상으로 풍경 사진 촬영기법을 둘러싼 강의로 시작하였다. 스마트폰 활용의 촬영기법을 둘러싼 몇 가지 교육을 들은 뒤 그들은 신지생태공원 일대를 배경으로 한국의 자연풍경을 사진으로 담아낼 수 있었다. 그들은 지난 주에 비해 더 가까운 관계로 베트남과 한국 간의 문화를 교류하면서 멋진 이곳 지역의 자연풍경을 사진으로 담아내기에 바빴다. 결혼 이주민인 정○○ 씨는 선암서원의 담장 바로 옆의 분홍빛 꽃이 활짝 피어있는 배롱나무를 배경으로 찰나의 순간을 카메라에 담을 수 있었다. 이렇게 촬영한 사진에 '빛'이라는 제목을 붙였다. 이런 사진촬영 활동을 통해 이주여성들은 한국사회를 더 잘 알고 이해할 수 있게 되었다고 하였으며, 특히 한국 농촌 마을에 담겨져 있어 풍기는 매력을 새로운 시선으로 발견할 수 있었다고 하였다.

태풍 힌남노의 영향으로 예정되었던 9월 5일(월요일) 일정은 정상적인 교육과 출사가 어려웠다. 대부분 결혼 이주민이 농촌에서 생활하는 관계로 태풍의 영향에 한층 예민한 반응을 보였으며, 따라서 무리하게 교육을 진행할 수 없었다. 사진 촬영을 위해 섶마리에 자주 드나들며 이장님을 비롯한 마을 어르신들을 친해질 수 있었다. 이런 만남 과정에서 몇몇 마을 어르신이 사진강사에게 장수사진을 찍어주면 좋겠다는 의견을 제안하였다. 마을 어르신들은 자신들의 노후 모습이 어떠한지를 기록으로 남기려 했고, 심지어는 언제, 어떻게 찾아올지 모르는 죽음이라는 예기치 않은 사건에 의연하게 대처하려 한다고 했다. 예기치 않게 찾아온 태풍으로 이주민과 대학생 관련 모임을 마을 어르신 대상 장수사진 촬영으로 대체하였다.

9월 4일(일요일) 드디어 마을 어르신 중 70세 이상 주민을 대상으로 장수사진을 촬영하였다. 마을 어르신들은 마을회관 한쪽 방에서 더 예뻐지기 위한 꽃단장에 바빴으며, 또다른 옆방에서는 사진 촬영을 위한 기구 셋팅으로 분주하였다. 화장해봐야 그 얼굴이 그 얼굴이다며 필요 없다고 손사래를 치시던 할머니도 화장을 위해 마주 앉으면 가만히 얼굴을 내미시며 더 예쁜 사진을 남기려 애쓰신다. 어르신들의 얼굴이 가지각색이었다. 검게 그을린 얼굴, 유달리 주름이 많은 얼굴, 뽀야니 곱상한 얼굴 등 그 모습이 다 달랐으며, 그런 각각의 얼굴 모습에서 세월의 흔적이 고스란히 박혀 있는 듯 보였다. 사진촬영을 위해 모인 어르신들은 모두 10여 명으로 대부분이 할머니들이었다. 할아버지의 경우 한 분도 사진촬영에 응하시지 않으셨다. 할아버지와 할머니들이 세월의 흔적을 받아들이는 자세에서 차이를 보였으며, 또 죽음을 대하는 마음가짐에서도 상당한 차이를 보이는 것 같았다.

마지막 촬영은 9월 19일에 이루어졌다. 수업 관련으로 학생들 참여가 어려웠고 대신 결혼 이주민들만 참가하여 마을풍경을 배경으로 촬영교육과 출사를 진행하였다. 풍경 위주의 사진 기법에 대한 총괄 편으로 금천 박곡길에 위치한 대비사를 찾았고 이 사찰을 집중적으로 조명할 수 있었다. 주지스님으로부터 대비사에 관련된 설명을 들었으며, 특히 대비사 내에 소장된 문화재의 의미를 자세히 알 수 있었다. 농촌 마을 소재의 작은 사찰과 관련된 설명을 통해서 지역문화의 재조명이 어떤 의미를 띨 것인가에 대해서도 파악할 수 있었다. 이런 몇 차례에 걸쳐 진행된 사진 매개의 교육과 실제 촬영활동을 거치는 과정에서 결혼 이주민들은 학부생의 도움 없이 스마트폰 사진 촬영 기능을 숙달할 수 있었다. 그들은 대비사 주변의 멋진 풍광을 카메라에 담았으며 촬영을 통해 자신의 끼를 발휘하기도 했다. 결혼 이주민인 아○○○ 씨는 대비사 대웅전 모습과 그 주변의 산새를 멋진 구도의 사진으로 담아낼 수 있었고, 그녀는 이 사진으로 추후 Global Photo Festibal에서 최우수상을 수상할 수 있었다.

이번 Global Photo Festibal을 통해 얻은 결과물은 12월 「경-북돋움 프로젝트」 성과보고회 때 영남대 천마아트센터에 전시되었으며, 참가했던 관련자들부터 큰 칭찬을 얻을 수 있었다. 결혼 이주민들이 수행하였던 섶마리 관련 사진은 '2023 탁상달력' 제작으로도 이어지게 되었다. 그들이 찍은 사진을 배경으로 휴대하기 편한 탁상달력을 제작함으로써 그들이 사진은 한국 농촌 마을의 매력 알리기를 넘어 글로벌 차원에서의 홍보효과를 낼 수 있었다. 한국과 베트남 대학 학생 교류의 진행에서 이 달력은 한국을 알리는 좋은 매체로 활용될 수 있었기 때문이다.

이렇게 기획된 스마트폰 촬영 활동을 통해 농촌 거주 이주여성들은 학부생의 작은 도움을 받으면 한국 농촌 마을의 풍경에 친숙해질 수 있었으며, 또 이에 의해 자신의 잠재적 재능까지 파악할 수 있어 더 풍요로운 삶의 의미를 느낄 수 있었다. 세상 어느 것이든 호기심을 갖고 관심을 부여할 때 그 의미를 파악할 수 있을 것이며, 그런 호기심과 관심을 한층 더 심화시켜갈 때 비로소 의미의 세계로 들어갈 수 있을 것이기 때문이다. 사진 촬영 활동을 통해 그들은 농촌 마을 곳곳에 들어 있는 의미를 찾을 수 있었고, 그런 의미파악을 통해 한국에서의 '마을살이'가 주는 맛에 더 깊숙이 빠져들 수 있었다.

〈곰방대 배경의 이주민 사진 작품〉

〈청도 대비사 배경의 이주민 사진 작품〉

제4장
섶마리의 사람들: 어제, 오늘, 내일

1. 섶마리의 뿌리: 노년의 삶

대추나무에 어머니 사랑 걸렸네

이○○ 어르신은 청도군(淸道郡) 이서면(伊西面)에서 태어나 지금까지 살고 계신다. 꽃다운 23살에 밀양 박(朴) 씨의 집성촌인 이곳 청도군(淸道郡) 금천면(錦川面) 신지리(薪旨里)로 시집오셨다. 양반과 결혼해야 한다는 친정아버님의 말씀에 순종하여 얼굴도 안 보고 시집와서, 슬하에 2남 2녀를 두고 53년째 살고 계신다. 논농사, 대추농사를 주로 짓고 계시며, 크게 편찮으신 곳 없이 건강하게 생활하고 있다.

막내며느리를 좋아하셨던 시부모님 모시며

아들 일곱인 집안의 막내며느리였지만, 시어른을 모시고 살았다. 몸무게가 100kg에 버금갈 정도로 몸이 좋으셨던 시어머니께서 중풍으로 쓰러지신 후 10년 동안 병수발을 들어야 했지만, 어르신 기억 속의 시어머니는 이런 분이셨다.

"우리 어무이 진짜 존경스럽데이. 못해도 절대 혼을 안 내시고, 가르쳐주셨다. 큰 사고 났을 때, 혼내기보다는 보담아 주셨데이. 진짜 그거는 우리가 배워야 한데이. 시집올 때 적게 해와도 그런 거 가지고 아무 소리 안 하시고, 사돈 형편을 넓은 마음으로 이해해 주시더라카이. 그건 진짜 훌륭한기라."

시어머님 돌아가시고 다시 7년 동안 시아버님 병수발을 들었다. 편찮으신 어른이 계시니 집은 늘 손님으로 넘쳤고 농사지으랴, 애들 키우랴, 어른 병수발까지. 지금 생각해 보면 징글징글한 세월이다. 그래도 맏딸 이혼하면 문중출입을 할 수 없다는 친정아버님 말씀에 차마 그러지 못한 세월이었다.

잘 생기고 손재주가 뛰어나 인심을 잃지 않았던 주인

주인(할머니의 남편)은 도축을 잘하고 낚시를 잘해 집에는 동창천(東倉川) 물고기가 떨어지는 날이 없었다. 매년 여름 교회 수련회에 왔던 청년들이 용두소(龍頭沼)에서 참사를 당하면 달려가 염(殮)을 해주었는데, 훗날 대구의 큰 대학병원으로부터 장례식장에서 함께 일하자는 제안을 받을 정도로 이 분야의 실력자이셨다. 하지만, 부모님 곁을 지키기 위해 고향을 떠날 수 없다고 하여 평생 마을에서 사셨던 효자였다.

형제간의 우애도 깊었다. 부모님 모신 것에 대가를 바란다면 그것은 어른 모신 값밖에 안 된다고, 아예 입도 벙긋 못하게 하신 분이다.

〈동창천〉

60대에 운전면허증 도전기

주인이 돌아가신 후 오토바이를 타고 농사를 지었다. 불편한 게 한두 가지가 아니다. 이참에 운전면허증을 따기로 결심했다. 10년 전쯤의 어느 겨울이었다. 아무에게도 말하지 않았다. 경산으로 가는 첫 차를 타고 하양의 운전면허학원에 등록을 했다. 두 번 만에 필기시험에 합격했다. 시험을 치러 온 사람 중에 가장 나이가 많아보였다. 컴퓨터 앞에서 치는 시험이 얼마나 두렵던지 '합격'이라는 단어를 보고, 아들과 딸에게 전화를 했다. 모두 깜짝 놀라는 목소리이다. 실기시험도 두 번 만에 합격을 했다. 갤로퍼 중고차로 사위랑 우리 동네를 몇 바퀴를 돌면서 운전연수를 받았다.

지금까지 운전을 하고 있으니 벌써 운전경력 10년! 병원이나 보건소 갈 때 지금도 가끔 운전을 하신다. "경산에 취직만 되면 운전해서 가고싶데이." 마음만큼은 아직 청춘이신 이○○ 어르신~

기억 속의 고향 그리고 우리 마을 자랑거리

〈만화정〉

만화정 앞에서 빨래하던 기억이 새롭다. 시어머니 돌아가시고 상주들이 입던 상복을 일일이 손으로 빨아서 돌 위에 척척 걸쳐놓았는데 금세 다 말랐다고 한다. 그때는 물도 바위도 얼마나 깨끗하고 맑던지, 지금도 기억 속에 선명하게 남아있다.

신지리(新池里)는 인심 좋고 우리 일가가 있어서 좋다. 시골이라 도시만큼 교통이 좋은 편이 아니어서 병원이나 그밖에 외부로 나갈 때에는 여전히 불편하다고 하였다. 그렇지만 신지리에서 살아가는 것에 큰 불편을 느끼지 않으며 지금까지 잘 살아가고 있다며 시골살이를 잘 받아들이고 있었다.

마을에 특별한 농산물이 없는 게 아쉽다. 하지만 우리 마을에 운강고택을 비롯한 여러 채의 고택에서 자랑스러움을 느낀다고 하였다. 고택을 잘 이용하여 마을을 민속이 살아 있는 곳으로 만들기를 바랐으며, 여러 젊은층이 마을을 찾아 마을의 의미를 잘 살렸으면 좋겠다고 하셨다. 어르신에게 마을은 마음의 고향 그 자체였다.

늘 즐거운 마음으로 노욕(老慾)없는 노년을

어르신은 흥(興)이 많으시다. 대추를 다듬는 손길 위에 흥얼흥얼 노랫가락도 함께 춤을 춘다. 코로나 전에는 일주일에 3일은 스포츠 댄스를 배웠다. 대회에도 나갔을 정도였다니, 어르신이 얼마나 활동적인 것을 좋아하시는지 짐작이 된다.

저녁을 먹고 하루 일과를 정리하면 9시 뉴스도 보고, 트로트 경연대회 프로그램도 즐겨보신다. 어르신이 제일 좋아하는 가수는 장민호이다. 이참에 노래 한 소절 부탁을 드렸더니,

"어디 한 번 불러볼까? 나 노래도 잘 한데이."

음악과 함께 입에서는 가사가 저절로 흘러나온다. 어깨까지 덩실덩실,

> "누구나 웃으면서 세상을 살면서도 / 말 못할 사연 숨기고 살아도 / 나 역시 그런저런 슬픔을 간직하고 / 당신 앞에 멍하니 서있네 / 언제 한번 가슴을 열고 소리내어 / 소리내어 울어볼 날이 / 여자라는 이유로 묻어두고 지낸 / 그 세월이 너무 길었어~"
>
> – 조항조의 '남자라는 이유로' 중에서 –

노랫말이 어르신의 심정을 대변하는 듯 했다.

'여자라는 이유로 묻어둔 그 세월이 너무 길었어~'

나이가 60살만 되어도 좋겠다는 어르신, 앞으로 어떻게 살고 싶으시냐는 질문에도

"이제 뭐 있나? '나'나 우리 자식들, 손주들 건강하면 되지. 자식들하고 소통 잘하고, 며느리에게 고맙다 생각하고, 자식들에게 김장, 된장, 고추장, 간장 등등을 내 손으로 직접 해주고, 노욕(老慾) 없이 살고 싶데이."

그러신다.

돌아서는 우리에게 대추를 한 바구니 주시며, 시골이라 줄 게 이것밖에 없다고 하시지만, 어머니 정(情)을 한 바구니 받고 돌아오는 기분이었다.

2. 섶마리의 기둥: 마을 이장의 삶

부지런히, 열심히 살아가는 신지2리 이장님을 아시나요

신지 2리에 집을 짓다

동창천이 휘감아 흐르는 신지리는 1리~4리가 있다. 신지2

리 이장은 박○○ 씨이다. 첫아이가 학교 들어가기 전에 신지2리로 들어왔다. 그는 신지1리가 고향이다. 고향 옆 동네에 손수 집을 지었다. 아내와 아들, 딸 네 식구가 살았다. 아이들은 장성하여 2022년 4월에 결혼했다. 아들은 수능시험을 본 다음 날부터 아버지의 일을 도왔다. 대학 입학 전까지 날마다 부모님을 도와 일하는 모습에 동네 사람들의 칭찬이 자자했다. 아이들은 부모를 보면서 배운다는 생각이 들었다.

오뚝이 인생, 신지2리 이장이 되다

장모님은 그를 '오뚝이'라고 하신다. 그의 삶이 오뚝이 인생 같다고 하신 말씀이다. 이 일을 하다가 안 되면 저 일을 하고 다시 일어나고 열심히 일하며 집안을 건사했다. 그의 인생이 오뚝이라면 그의 아내 인생은 오뚝이의 든든한 버팀목이다. 그는 청도 시내버스 운전을 6년 정도 했고, 덤프트럭도 몰았고 경주 산내면의 어느 돼지 농장에서 4년 정도 일을 했다. 지금은 육계와 산란계, 그리고 소를 몇 마리 키우고 있다. 부지런히 사는 박○○ 씨는 2022년 신지2리 이장으로 선출되었다. 후보는 3명이었다. 마을 주민의 열렬한 지지로 이장으로 선출되었다. 그는 마을을 위해 일꾼이자 심부름꾼으로서 열심히 일하겠다고 했고, 또 그런 약속을 지켜가기 위해 지금도 꾸준히 노력하고 있다.

부지런한 신지2리 이장

신지2리 이장 박○○ 씨는 부지런히 동네일을 한다. 먼저 고장난 동네 스피커를 고쳤다. 98가구가 시원하게 방송을 듣는다. 요즘은 카톡으로도 전달한다. 농협에서 나오는 농약, 비료, 멸치 등을 일일이 나눠준다. 예방 접종 안내, 쌀 수매량 안내, 기타 등등 알려야 하는 사항이 많다. 신지2리 심부름꾼으로 열심히 활동한다.

이장들의 단체 모임도 있다. 금천면 이장협의회다. 회원은 21명이다. 한 달에 한 번 꼴로 회의가 개최된다. 어떻게 하면 동네 발전이 있을지에 대해 회의를 하고 청도군에 건의한다. 주민들의 애로 사항을 알리고 개선을 요구하기도 한다. 박 이장은 신지2리가 외관상의 발전보다 주민들이 편안하게 생활하고 방송이나 카톡을 통해 소통이 잘 되도록 노력을 기울인다. 특별한 행사나 모임을 갖지 않았지만, 지난 어버이날에는 동네 어르신들을 모시고 짜장면을 대접하기도 했다. 신지2리에 도움이 되는 일이라면 앞으로도 열심히 해나갈 것이다. 그는 신지2리의 든든한 일꾼이다.

섶마리, 신지2리에는 특별한 계란이 있다

그 특별한 계란의 이름은 '상록 철든 유정란'이다. 이 계란은 방사 사육 유정란이다. 박○○ 씨 부부가 운영하는 산란계 농장에서 유정란이 생산된다. 산란계를 시작한 지는 얼마 되지 않았

지만, 이에 대한 자부심만은 대단하며, 또 그럴만한 이유가 있다. 대구경북에 방사유정란을 생산하는 곳이 이곳 섶마리 농장이 유일하기 때문이다. 특별한 점이 또 있다. 닭모이를 직접 생산해서 공급한다는 사실이다. 닭이 먹는 것이 다르면 낳는 알도 품질이 다르다. 노른자가 탱글하며 비린내가 없고 맛이 좋다. 대구 지하철 2호선 문양역 로컬푸드 직매장에 가장 많이 납품한다.

닭과 관련된 일을 한 지가 12년 정도이다. 닭에 관해서는 닭똥만 봐도 그 닭의 상태를 안다. 육계, 산란계를 같이 하고 있지만, 앞으로는 산란계에 더 집중할 생각이라고 한다.

오뚝이 인생의 버팀목, 이장님의 아내

김○○ 씨는 이 마을 이장님의 아내이다. 대구에서 신지2리로 삶의 터전을 옮기면서 남편의 일은 곧 아내의 일이 되었다. 돼지 농장 일을 할 때도 같이 했고, 지금도 닭 농장 일을 같이 한다. 아내 없이는 아무것도 안 된다. 남편은 "집 일을 잘 하는 사람, 운전 잘 하는 사람, 계란 몇 십 판을 차에 싣고 갈 수 있는 사람"이라며 아내를 칭찬한다. 아내는 요양보호사다. 그 일도 함께 하고 있다. 얼마나 부지런한지가 보지 않아도 그려진다. 섶마리의 진정한 일꾼이기도 하다. 얼마 전까지 부녀회 회원으로 고철 모으기, 마을 청소, 김장하기, 기타 등등의 일을 담당할 정도였다. 이번 청도군체육대회 때 여럿이 하는 줄넘기에 참가해서도 잘 뛰었다. 어떤 영역에서든 열심히 일하며 함께 어울리며 살아가는 모습이 정말 멋지다.

열심히 부지런히 사는 남편에 대해서도 아내는 바라는 게 있다. 이제부터라도 남편이 자신의 건강을 더 잘 돌보기를 바란다. 남편이 동네에서 아직은 어린 나이에 속하는 편이지만, 나이가 들어가고 아픈 곳이 여기 저기 있어서 걱정이다. 닭 농장 일을 할 때만큼은 꼭 마스크를 착용하기를 부탁한다.

마을 이장님이 기억하는 신지2리 모습

신지1리에는 행정기관이라든지 경찰서가 있고 논이 별로 없는 데 비해, 신지2리는 농사 지을 땅이 많았다. 우리 집이 있는 여기 2리는 옛날 시장이었다고 들었다. 장이 섰고 주막도 다섯 집이나 있었다. 가게가 네 집이 있었고, 네 집 건너편에 정미소가 있었으며, 이발소와 약국이 인접해 있었다고 한다. 옛 모습이 어렴풋이 그려진다.

그냥 지나칠 수 없는 이야기 그 후

사람 살려요~를 외친다. 박○○ 이장 집에 불이 났다. 딸이 놀라서 밖으로 나가서 외친다. 처음 신지2리에 들어와서 손수 지은 2층집이다. 5년 전 4월 27일이다. 소방차 8대가 왔다. 불은 순식간에 꺼졌다. 다행히 집을 지으면서 화재보험을 들었으며, 보상금을 받을 수 있었다. 그렇지만 이렇게 화재를 경험한 뒤 잠시 고민했다. 여기서 살 것인가. 다른 곳으로 옮길 것인가. 누나들이 "불 난 집에 살면 부자가 된단다. 거기 살아라"라고 하며 그냥 살 것을 당부했다. 부자가 언제 될지 모르지만, 동네 분들도 여기 그냥 살라고 하셨다. 그래서 불 난 자리에 다시 집을 지었다. 이번에는 단층으로 집을 지었다. 집의 구조는 이전의 집과 거의 같이 지었다. 일요일은 신지교회에 간다. 부부는 이 집에서 딸과 오순도순 바쁘게 살고 있다. 앞으로도 힘 닿는 데까지 열심히 일하며 살 것이라고 한다. 마당에는 나무가 서 있고 그 나무 옆에 개집이 있다. 개가 느긋하게 집을 지킨다.

농장에 오신 손님에게는 절대 빈손으로 보내지 않는다며 인터뷰에 동행한 사람들까지 귀한 계란을 한 판씩 주셨다. 섶마리를 찾는 누구든 이곳의 인심에 감동할 수밖에 없다. 마을 어르신들의 손발이 되어 드리는 일이 이장 일이라고 하신 말씀이 두고두고 기억에 남는다. 열심히 바쁘게 사는 모습, 특히 마음에서 우러나오는 솔직한 모습에서 진한 감동을 느낄 수 있었다. 우리 삶에서 깨우침이 가능한 배움이란 이런 겉과 속이 다르지 않은 진솔한 삶을 통해 행동으로 이어갈 때 가능할 것이다.

3. 섶마리의 기둥: 농사꾼 부부의 삶

지역에서 가장 맛있는 곳으로 소문난 <참살이 농장>이 되기까지

부모님 농사를 아들과 손녀가 이어가다

김○○ 씨의 고향은 금천 신지의 오봉리이다. 결혼 후 대구에서 직장생활을 하다가 부모님이 편찮으셔서 농사일을 물려받게 되었다. 아내와 초등학생이었던 두 딸은 대구에 있고, 자신만 먼저 고향으로 돌아오게 되었다. 그때가 그의 나이 37세였다.

아내는 5년 후, 둘째 딸이 중학생이 된 이후 고향으로 내려와 농사일을 돕게 되었는데, 벌써 17~18년 동안 농사꾼의 아내로 살고 있다. 현재는 둘째 딸이 부모님 옆에서 농사일을 도와주고 있다. 김○○ 씨는 나무, 풀 그리고 물 관리를 하고, 아내 강○○ 씨는 꽃봉오리 · 과일 관리와 수확 그리고 포장 일을 맡고 있다. 그리고 딸은 광고, 인터넷 판매와 서류 관련 일들을 도맡아 하고 있다. 2세대 가족이 함께 경영하는 청도 제일의 복숭아 농장인 셈이다. 현재는 복숭아 8000평, 감나무 2000평 총 만 평 정도의 과수원을 경작하고 계신다.

청도 제일의 복숭아 농장 비법

김○○ 씨의 복숭아는 청도에서도 맛있기로 소문이 나있다.

부모님은 배, 포도, 감, 대추 같은 복합영농을 하셨지만, 그는 복숭아 단일품목에 집중하셨다고 한다. 주 수익원은 복숭아와 감말랭이인데, 연간 매출액은 2~2.5억여 원 정도이다. 순수익은 1.5~1.7억원이 되니, 웬만한 대도시 회사원에 비해 경제적으로 훨씬 안정되어 있다고 할 수 있다.

맛있는 복숭아는 그냥 만들어지는 게 아니었다. 부부는 매일 영농일지를 쓰고 있었다. 3년 동안 같은 날 어떤 일을 했는지 한눈에 볼 수 있도록 기록되어 있다. 각자 맡은 역할이 다르기 때문에 부부가 각각 쓰고 있다. 또한 며느리에게도 안 가르쳐준다는 특별비법인 영양 퇴비를 직접 만들었고, 또 제초제를 사용하지 않고 잡초를 없앤다. 그리고 나뭇가지 하나하나 직접 정리를 하시니, 이듬해 꽃이 크게 맺히며 열매가 크고 달 수밖에 없다.

과일농사는 가장 즐거운 일이야

김○○ 씨의 아내 강○○ 씨는 남편보다 5년 뒤에 귀농을 했지만, 대구와 청도를 번갈아 다니며 두 집 살림을 해야 했다. 자녀들이 공부를 마치지 못한 상태라 대구와 청도 집을 오가며 살았던 세월이 가장 힘들었다고 한다. 무엇보다 아이들이 아플 때 바로 달려가 주지 못한 점이 아이들에게 가장 미안했다고 하였다. 엄마라면 누구나 공감할 수 있는 마음일 것이다.

강○○ 씨는 과일농사에 재미를 붙여 과일농사 짓기에 푹 빠져 살아가고 있었다.

> "꽃봉오리는 귀엽고, 꽃은 예쁘고, 수확은 기쁨을 주고, 열매는 수익까지 주니 이것보다 즐거운 일이 어디 있겠어요?"

논농사에 비하면 과일농사는 농부에게 지속적으로 기쁨을 준다고 했다. 더군다나 그녀는 좋아하는 일을 하면서 돈까지 벌 수 있으니 얼마나 '행복한 일'이냐고 하신다. 천직이 과일농사꾼이 아닌가 싶다. 먹고 살기 위해 억지로 짓는 농사가 아니라 즐거워서 하신다는 농사꾼의 과일이 맛있는 건 당연한 일일 것이다.

인터넷 쇼핑몰에서 판매하다

김○○ 씨의 농장은 MZ세대가 함께 하는 농장으로 운영된다. 주된 판로는 공판장과 인터넷 쇼핑몰인데, 둘째 딸이 인스타그램과 인터넷 쇼핑몰에서 마케팅을 전담하고 있다. 맛있다는 소문을 듣고 구독자가 많은 사이트에서 같이 일을 하자는 제안이 올 정도로 맛을 인정받았다. 대통령상 외에는 농부가 받을 수 있는 모든 상을 다 받아봤을 정도로 품질을 인정받고 있다. 지금은 공판장과 쇼핑몰이 40:60 정도이지만, 10:90까지

올릴 생각을 하고 있었고, 감말랭이는 100% 인터넷으로 판매하려는 목표를 갖고 있다.

사업가 아내의 포부

강○○ 씨는 복숭아를 사랑한다. 복숭아의 특성상 수확기간이 짧고 저장 기간이 길지 않아 버려지는 복숭아를 볼 때마다 안타깝다고 하셨다. 이런 과일들을 모아서 가공식품을 만들어 판매하고 싶다는 꿈을 갖고 있다. 복숭아잼이나 착즙을 해서 버려지는 복숭아도 줄이고, 수익을 높이고 싶다고 하셨다. 그런데 현실적으로 인력이 많이 부족하고, 시설투자와 허가문제도 있어, 지원을 해주면 참 좋겠다는 말씀을 하신다.

복숭아 수확철이 끝나면 휴식시간이 생기는데, 이때도 감말랭이로 부가가치를 높이고 있다. 그녀의 머릿속에는 무궁무진한 아이디어가 있는 것 같다. 농사는 사업으로서도 전망이 있고, 젊은이들이 도전할 만한 가치가 있는 분야라는 것을 몸으로 보여주고 있다.

일 년 중 3개월이 휴가야

농촌생활은 불편한 게 많다. 하지만 좋은 점도 많다. 농사에 집중하다 보면 친구들을 사귈 수 없고, 취미생활도 하기 힘들다. 인간관계 맺기도 쉽지 않다. 하지만 이곳 신지2리는 공기가 좋고 60대의 젊은 세대가 많고 복숭아를 키우기에 적합한 환경을 가진 곳이다. 농사를 시작하고 10년 정도는 생각만큼 수익이 발생하지 않았다. 시설투자 비용이 많이 들어갔기 때문이다. 자연재해가 와도 피할 방법이 없다. 포기하지 않았더니 5년 전부터 수익이 발생하기 시작했는데 이제 안정기에 들어갔다고 하신다. 남들이 우리 복숭아 맛을 알아줄 때 가장 기쁘다고 하신다. 농사를 지으면 쉴 시간이 없다고 하는데 사실 그렇지 않다. 실제 2월, 3월, 9월은 휴가기간이라 할 수 있다. 열두 달 중에 3개월이 휴가인데 이런 직장이 어디 있다는 말인가?

귀농을 계획하는 분들에게 한 마디

귀농을 계획하고 있는 분이 있다면, 최소 1년은 농사일을 먼저 해보라고 조언을 하신다. 옛날과 달리 농사일을 기계로 하기 때문에 초기투자 비용이 많이 들고, 수익이 금방 발생하지 않는다. 그래서 최소 3년은 여유자금이 있어야 하니 준비를 하고 들어오면 실패를 줄일 수 있다는 현실적인 말씀을 해주신다. 그리고 농촌도 이웃관계가 중요하니, 동네랑 떨어진 곳에 전원주택을 지어놓고 '나홀로 살기'보다는 마을 사람들과 함께 더불어 살아야 한다고 하신다.

김○○, 강○○ 부부는 70세까지 복숭아 농사를 짓고 싶어 하신다. 15년 정도 더 농사를 짓고 그 이후는 규모를 줄여서 소일거리 삼아 일할 계획이시다. 다음 세대가 이어받아 청도 최고의 복숭아 농장을 일구기를 소망한다.

4. 섶마리의 뻗어가는 가지: 이주 여성의 삶

행복한 셜○○ 씨

금천 초등학교와 셜○○ 씨

가을이 들녘에 설렘 가득한 날, 셜○○ 선생님은 학생들에게 "헬로우~","바이~","오케이"를 외치며 교정에 계셨다. 청도 금천면에 있는 금천초등학교다. 셜○○ 선생님은 필리핀 이주 여성으로 이 학교 방과 후 영어 선생님이다. 이 학교는 그녀에게 각별한 의미가 있다. 선생님의 딸 셋 모두 이 학교를 졸업했기 때문이다. 처음에는 봉사자로서 아이들에게 영어를 가르쳐주셨다. 청도를 좋아하고, 아이를 좋아하는, 마음 포근한 그녀는 아이들과 금방 친해졌다. 지금은 방과 후 영어 선생님으로서 재미있게 영어 수업을 하고 있다.

항상 응원을 주시던 시어머니의 사랑

1주일에 3번, 수, 목, 금요일 초등방과 후 영어를, 유치원 이중언어 수업을 책임지고 있다. 가끔은 청도에 오는 외국 손님의 통역을 맡기도 한다. 이런 일을 하기까지 셜○○ 선생님을 응원해 준 사람이 바로 시어머니였다. 영어 원어민 봉사 일을 시작하고 방과 후 영어 선생님으로 일하고 영어 통역자로 일하는 그녀를, 그녀 자신보다 시어머니께서 좋아하셨다. 그랬던 시어머니가 그리워진다. 3년 전 시어머니는 하늘나라로 가셨다.

"시어머니에게 감사해요. 멀리서 시집온 저를 아껴주셨고, 무슨 일이든 하고 싶은 일이 있다면 해보라고 지지해주셨어요. 대화가 안 될 때도 시어머니의 사랑을 느꼈어요. 서로가 마음이 잘 맞았던 것 같아요. 시어머니가 기분이 안 좋을 때는 제가 아무 말도 안하고 가만히 있었고, 제가 그럴 때는 시어머니께서 저를 그냥 가만히 있게 해주었어요. 저에게 너무 잘해주셨어요."

한국에 오고 바로 임신을 한 그녀를 배려해서 농사일은 절대 하지 말라고 하셨고, 집안일도 별로 시키지 않으셨다. 그런 것에 대해서도 감사하다고 그녀는 말했다.

고군분투 청도 섶마리 적응기 #1. 동네 어르신들

동네 어르신들, 시어머니 아시는 분들이 자주 집에 오셨다. 멀리서 와서 모르는 게 많을 것 같다고 하시며 이런 저런 이야기를 들려주셨다. 셜○○ 씨는 서툰 솜씨를 발휘하여 음식을 해드렸다. 그럴 때마다 맛있다며 칭찬을 하셨다. 그분들 덕에 마음이 자연스럽게 열렸고 뭐든 배우려는 그녀에게 동네 어르신들도 친절하게 대해 주셨다.

고군분투 청도 섶마리 적응기 #2. 한국어

셜○○ 씨는 한국어 발음이 서툰 부분이 있다. 독학으로 배워서 그런 것 같다고 했다. 낯선 나라, 한국에 와서 한국말을 배우기 위해 고군분투했다. 자녀들을 키우면서 한국말을 주로 사용했다. 아이들이 학교에 가서 차별받지 않고 잘 적응할 수 있도록 하기 위한 노력이었다. 첫째가 유치원을 다닐 때 아직은 한국말이 서툴고 잘 못 알아들을 때도 '학부모를 위한 교육' 강의에 꼭 참석해서 싸인을 하고 잘 듣고 왔다. 더 멋진 삶을 향해 순수한 노력을 쏟는 그녀의 모습이 그려진다.

고군분투 청도 섶마리 적응기 #3. 문화

셜○○ 씨는 다른 문화권의 남녀가 결혼할 때 서로가 상대방의 문화에 대해서 배워야 한다고 확신하며 말했다. 무엇보다 남편은 아내가 자란 문화가 어떤 의미인지에 대해 배울 필요가 있다고 했다. 서로가 상대방의 문화를 어느 정도까지 잘 알고 이해해줄 수 있을 때 원만한 가정생활이 가능할 것이라 했다. 그녀는 일방적인 노력으로 남편의 나라인 한국문화를 공부했다. 부드럽고 온화한 모습의 그녀였지만, 삶의 자세에서는 상당히 적극적이었고 진취적이었다.

남편과 아내는 다른 가정의 문화에서 자랐고 서로가 다르다는 것을 받아들이며 배울 필요가 있다. 필리핀 문화에서 익숙하게 알고 있던 모든 것을 뒤로하고 한국어, 한국문화를 습득하기 위해 노력했다. 셜○○ 씨는 자신의 장점을 '잘 참는다'라는 데서 찾았다. 한국에 와서 얼마나 많이 참았을까. 그리고 잘 운다고 했다. 얼마나 울었을지. 그녀가 흘린 눈물의 의미를 새길 수 있었다.

필리핀에서 셜○○ 씨는

셜○○ 씨는 1980년 필리핀에서 3남매 중 첫째로 태어났다. 어린 시절 공부를 잘 하고, 내성적이고 꼼꼼했던 그녀는 대학교에 진학했고 2000년 3월 졸업을 앞두고 그해 1월 결혼을 결심했다. 남편은 박○○ 씨다. 남편은 7남매 중 막내였다. 셜○○ 씨는 조용한 성격에 더워지면 외출도 하지 않았다. 그런 그녀가 한국인 남자를 배우자로 결혼을 하겠다고 했을 때 부모님은 엄청 놀라셨다. 22년 전 그때 그녀 나이는 20살이었다.

청도 섶마리에 뿌리내리다

그녀의 자녀는 딸 셋이다. 대학교 3학년과 1학년, 그리고 중학교 3학년생이다. 세 자녀는 스스로 공부하는 방법으로 지금까지 성장했고 지금도 그렇게 한다. 진학을 결정할 때도 스스로 찾아서 했다. 딸들에게 특별히 바라는 것은 없다고 했다. 조언이 필요하다고 할 때 이것을 하면 미래에는 어떤 일을 할 수 있다든가, 안 하면 어떤 게 힘들어진다고 얘기해주는 데 그치고 나머지는 스스로 알아서 결정하도록 했다는 것이다.

낮에는 방과 후 영어 선생님으로 일하며, 이후 집에 돌아오면 남편을 도와 농사일을 한다. 최근 샤인머스캣 농사를 짓고 있다고 했다. 맛을 보라며 샤인머스캣을 한 박스 내민다. 수돗물에 헹군 후 몇 알을 먹었다. 달고 맛이 좋았다. 마음씨 좋고 부지런한 그녀는 다른 종류의 농사에도 관심이 있다. 자신이 하는 일을 좀 더 발전적으로 나아갈 수 있도록 미래를 설계하는 청도 섶마리 아줌마가 되었다.

섶마리를 좋아하는 셜○○ 씨

섶마리에 와서 20여 년을 살아오면서 그녀는 누구보다 이 마을을 사랑하게 되었으며, 이곳 섶마리가 마음에 아주 든다고 들려주었다. 기후가 3개월마다 달라지는 사계절이 좋으며, 생각했던 것보다 더위가 심하지 않아 마을에서의 삶에 만족한다고 했다. 무엇보다 오랜 역사를 품고 아이들의 터전이 되어주는 금천초등학교가 있어서 행복하며, 그리고 고택과 서원이 있는 이곳 섶마리에 사는 것이 자랑스럽다고 했다. 또 이곳 마을에 시집 온 이래 인심이 후덕한 동네 어르신들이 자신에게 친절을 베풀어주어 적응하는 데 도움을 주신 것에 감사하다고 했다. 앞으로도 이곳 마을을 떠나지 않을 것이라고 하면서 자신은 여전히 방과 후 영어 선생님을 하면서 농사일까지 하며 행복하게 살고 싶다고 했다.

5. 섶마리의 뻗어가는 가지: 귀농인의 삶

도시에서 귀농해 성공하기까지의 이야기

낚시하던 동창천에서 이제는 농사를 짓다

한○○ 씨는 시골 출신이 아니다. 대구에서 직장을 다니다 청도군 금천면 신지1리로 귀농을 하였다. 그런데 신지1리와의 인연은 하늘이 맺어준 인연으로 받아들인다. 낚시를 좋아하던 그는 직장생활 중에도 주말이면 이곳 동창천에 와서 고기도 잡고 휴식을 하며 일주일 간의 스트레스를 날려 보냈다. 마침 귀농할 곳을 알아보기 위해 여러 곳을 다니던 중 땅을 임대해 줄 분을 소개받았는데, 바로 그곳이 섶마리였고, 이후 그는 이 마을에 귀농해 살기로 결심하였다고 했다.

섶마리에 정착하기까지의 이야기

그는 20여 년을 도시지역에서 직장을 다니며 생활하였다. 직장 생활 중에 모아놓은 재산이 아파트 한 채뿐이었고, 특별한 기술이 없던 터라 미래가 불투명했다. 경제적 불안정과 함께 업무 스트레스는 점점 가중됨을 느끼면서 퇴사를 결심했다. 퇴사를 결정하고 1년 정도 경산, 청도, 영천 등지에서 농사일을 직접 배워보았다. 농사일을 배우면서 농사 관련 인맥을 넓히고자 하였고, 또 농사가 적성에 맞는지에 대해 살폈으며, 덧붙여 귀농하여 정착한다면 어디로 할지와 농업의 미래가 어떨지 등에 대해 궁리를 거듭하였다. 이곳이 고향이 아닌 관계로 아는 사람도 없고 선뜻 땅을 빌려주겠다는 분을 찾을 수 없었다. 그러면서도 그는 경북농민학교, 농업기술원, 경산기술센터에서 착실하게 귀농 준비를 해갔다.

난관을 이겨내고, 이제는 부농으로

귀농이 쉬워보일지 몰라도 결코 쉬운 일이 아니었다. 땅을 임대해도 최소 3년은 수익이 발생하지 않기 때문이다. 한○○ 씨도 그랬다. 3년차까지는 많이 힘들었지만 이후에 수익이 조금씩 발생했다. 농사일을 시작하면서 블로그 활동을 함께 하였고, 이를 통해 농산물을 광고하며 판로를 넓혀갔다. 때로는 인근의 5일장인 자인장에 직접 나가 농작물을 팔기도 했다.

지금은 지역의 로컬푸드 매장을 활용하여 판매하고 있고, 대추의 경우 70%정도를 한국인삼공사에 직거래로 판매하고 있다. 그는 깨끗하고 안전한 국산 농작물을 판매한다는 자부심을 갖고 농사일에 열중하고 있다. 이런 성실성이 그를 지금의 청년농민으로 만든 자양분이 된 것으로 바라본다. 그는 연 매출액 1억 5천만원 정도가 되며, 이 중 70%정도의 수익이 발생한다고 했다. 귀농을 통해 나름 성공을 거둔 분으로 볼 수 있었다.

부지런하기만 하면 가장 정직하게 대가를 얻을 수 있는 농사

2년 전 태풍이 심하게 불었다. 농작물에 심한 결실이 생겼다. 지금 생각해 보면 그때가 가장 힘들었던 때로 기억된다. 하지만 태풍, 가뭄, 홍수 같은 자연재해에 인간은 어쩔 수가 없다. 미리미리 대비하는 것이 최선이다. 자연재해가 농사꾼을 겸손하게 만드는 수업료인 셈이다.

농사꾼은 해와 함께 일을 한다. 해가 뜨면 일어나고, 해가 져야 집으로 향한다. 바쁠 때는 해뜨기 전인 새벽 4시 30분에 일어나 자식 같은 작물이 있는 농장으로 달려간다. 여름의 뜨거운 햇빛을 피하려면 밤늦게까지 일하는 날이 많다. 부지런하게 움직이는 만큼 내 손에 잡히는 것도 많다. 농사일이야말로 가장 정직한 일이라고 할 수 있다.

농촌에 살면 좋은 점, 불편한 점

한○○ 씨는 귀농 후 늘 괴롭히던 비염이 없어졌다고 한다. 도시의 매연에서 오는 불편함을 섶마리의 깨끗한 공기로 치료받은 셈이다. 아내는 인근 초등학교에서 방과후 교사로 일하고 있다. 도시에 있을 때처럼 문화생활을 즐긴다든지, 친구를 만난다든지 하는 것을 자주할 수 없지만 자가용이 있으니 괜찮다고 한다. 마음만 먹으면 인근인 대구, 경산까지 차로 쉽게 이동할 수 있어서 이곳 마을이 시골이라는 느낌을 받지 않는다고 했다.

귀농 이후 가장 좋았던 점은 경제적, 시간적으로 여유가 생겼고, 또 시간적으로도 더 많은 자유를 누릴 수 있다고 했다. 농사꾼은 일 년 내내 바쁘다는 오해가 있는데, 사실 마음만 먹으면 일을 앞뒤로 조정해 얼마든지 쉴 수 있는 시간을 낼 수 있다고 했다. 휴경기 때는 시간에 구애받지 않고 장기 해외여행이 가능하다고 하면서 이 또한 본인이 농민 CEO이기 때문에 가능하다고 유쾌하게 알려주었다.

농사, 돈 됩니다!

60살이 되면 은퇴를 하려 한다. 너무 젊은 나이가 아니냐는 질문에 지금처럼 너무 많은 농작물을 경작하지 말고, 부가가치가 높은 작물에 집중하면서 아내와 노후를 즐기면서 보낼 계획이라고 하신다. 시골마을에서 흔히 있는 아흔이 넘어서도 농사일에 손을 놓지 못하고 있는 어르신이 있는데 그것은 욕심일 뿐이라고 한다. 사람은 경제적으로든 시간적으로든 여유를 즐기며 벌었던 것을 쓰고 가는 것이 좋을 것이며, 왜 자식에게 남겨주려는지 안타까울 뿐이라고 했다. 그저 받은만큼 쓰고 남김없이 여한없이 떠나는 것을 인간의 숙명으로 받아들여야 한다는 것이었다.

"농사! 돈 됩니까?"라는 질문을 던져보았다. 단호하게 말씀하신다.

"당연이지요. 무조건 돈 됩니다!"

귀농을 계획하는 분들에게 한 마디

귀농은 젊으면 젊을수록 좋지만 늦어도 40대 초반에는 해야 한다는 의견을 주었다. 귀농한다면 가족단위의 귀농을 권한다고 했다. 자녀교육이 걱정이라면 한시름 놓아도 된다고 덧붙였다. 농촌에서 교육은 거의가 무상교육이며, 체험활동을 통한 교육이 잘 이루어진다. 그리고 대학진학율에서도 도시지역에 못지않게 높은 편이라고 했다. 도시에서 들이는 노력을 들이면 서울권 대학 진학도 충분할 것이라고 한다. 농사가 처음인 분이라면 처음부터 고액을 투자하기보다는 정부기관(경북농민사관학교)에서 체험을 해보고 결정하는 것이 좋다고 조언해주었다.

일단 귀농을 하실 분이라면 정부지원이 많으니 직접 발로 뛰어야 한다. 그리고 먼저 귀농한 선배들 그리고 실제 농사를 짓고 계시는 분들을 스승이라 생각하고 많이 묻고 배워야 한다. 그리고 배운 것들에 대해서는 다른 사람과 의견을 나눠야 한다고 조언해 주셨다.

6. 섶마리의 뻗어가는 가지: 닥종이로 엮어가는 삶

우리 종이, 닥종이와 무위의 춤을 추는 ○○ 스님

닥종이 섶마리에 정착하다

청도군 금천면 선암로에 '섶마닥종이문화원'이 2022년 7월 9일 개관했다. 이곳 문화원 관장은 ○○ 스님이 맡고 있다. 스님께서는 닥종이가 좋아서 닥종이에 푹 빠져 40여 년의 세월을 함께 해 왔다. 스님은 전통한지를 어떻게 계승할 것인지에 대해 이 마을을 배경으로 연구해오고 있으며, 또 한지의 현대화에도 관심이 아주 많으시다. 닥종이를 향한 열정이 넘쳐 났으며, 닥종이를 한국 전통문화 재조명 차원에서 계승, 발전시키려는 의지가 대단하셨다. 청도 운문면에 있던 영담한지미술관을 이곳으로 옮겨와 닥종이에 대한 열정을 불태우고 계셨다. 이곳 닥종이문화원은 국내 유일의 한지 전용의 미술관이다. 2007년에 열었고 이후 지역민과 함께하는 문화예술을 꽃피우려 하고 있다. 섶마리에 터를 잡고 공을 들인 지 12년 만에 본격 활동을 전개하고 있다.

닥종이 윤회고리를 살리리라

단양에 6천 평 정도로 경작했던 닥나무들이 갑자기 사라졌던 일이 새롭다. 제초제 때문에 죽었던 것으로 추론할 수 있다. 스님은 이 사실에 목 놓아 울었다고 했다. 닥나무 농사는 돈이 안

된다는 이유였다. 닥나무가 사라지면 닥종이도 사라지고 닥종이가 사라지면 닥종이로 하는 모든 예술활동이 사라진다. 그러나 이런 악조건에서도 스님께서는 닥나무를 살려 한지로 된 예술활동을 전개하려 하였다. 그런 연유에서 한지 예술활동은 지금도 여전히 활발하게 진행되고 있다.

흔히 중국산, 일본산 한지를 사용한 여러 활동을 볼 수 있지만 그것은 우리 한지를 사용한 예술활동이라 할 수 없다. 스님은 서예를 할 때도 우리 한지가 아닌 중국산 한지를 사용하는 것을 안타까운 마음으로 바라보았다. 닥나무가 사라지고 한지를 수입하여 한지 공예를 계속한다면 우리 고유의 한지 공예가 불가능할 것으로 바라보았다. 이에 스님은 섶마리에 섶마닥종이문화원을 열었고 영담한지미술관까지 이곳으로 옮겨올 수 있었다.

스님은 섶마리에서 닥종이의 윤회고리를 다시 살릴 수 있기를 염원한다. 닥종이와 관련된 다양한 예술 작품을 소개, 전시하고 닥종이 즐기는 방법과 한지 워크숍 등의 각종 교육활동을 개최하며, 또 관련의 체험프로그램을 열고 있다. 가까이에 있는 선암서원과 연결하여 한지 관련 여러 활동을 계획하고 있다. 한옥인 서원은 한지와도 인연이 깊다고 본다. 전통은 서로 연결되고, 새롭게 재조명할 필요가 있다. 선암서원에서 한지 관련 행사도 열고 인문학 강의를 개최하고 있다. 또 서원을 무대로 어린이 대상 글짓기대회도 하고 한지 그림 그리기대회까지 열고 있다. 이런 여러 활동을 통해 스님께서는 서원과의 협력을 통해 닥종이를 우리 전통문화로 계승하려는 일을 하고 있다. 지역문화 예술을 앞장서 이끌어가는 선각자라 할 수 있다.

닥종이와 스님의 인연, 필연

스님의 공식타이틀은 전통 한지 연구가로 통한다. 경기도 여주에서 태어난 스님은 한의사인 아버지 밑에서 자랐다. 스님이 사시는 동네에 어떤 실성한 노인이 왔는데, 스님 집에 잠시 머물렀다. 스님 아버지의 의술로 1년 만에 그 노인은 정신을 되찾았다. 스님은 그 노인을 맹꽁이 할아버지라고 불렀는데, 이후 정신을 차리고 보니 맹꽁이 할아버지가 경기도 양평 문호리에서 닥종이를 만들던 지장이었다. 건강을 되찾은 이후 직접 종이를 만들었다. 이 또한 기막힌 인연이라 할 수 있다. 스님은 맹꽁이 할아버지가 한의원에서 사용할 닥종이를 손으로 직접 만드는 과정을 보면서 자랐다.

스님은 닥종이를 말린 후 바닥에서 뗄 때 나는 그 소리가 좋았으며, 닥종이가 햇빛을 받을 때도 너무 좋았고 그리고 닥나무를 삶을 때 나는 구수한 냄새에도 마음이 빼앗길 정도로 좋았다고 했다. 어릴 때 딱지치기하러 가면 한지 딱지로 광풍을 일으키던 그 기억이 지금도 생생하다. 한 장의 종이에 불과했던 한지에 반하여 평생 한지 연구에 몰두했고, 또 한지에 평생을 걸었으니 이를 불교에서 흔히 말하는 인연으로밖에 설명할 수 없을 것이다.

우리의 종이, 불법의 공간

스님은 1981년 출가해 청도 운문사 승가대학과 승가대학원을 졸업했다. 운문사 승가대학 중강을 역임하였다. 스님은 출가 후에도 종이에 대한 애착이 깊었다. 1985년 강원도 원주에서 '전통한지연구소'를 열었고 여기서 전통 한지 제작과 작품 활동을 시작했다. 스님들은 종이를 법장이라 부르는데, 온갖 정성을 들여 종이를 만든다는 것에서 그렇게 불린다고 했다. 우리나라 국립 중앙박물관 또는 경주 국립박물관에 가면 지류 문화재 중에 스님들이 만드신 것이 많다고 한다. 예부터 종이는 귀했고 종이를 만드는 일은 무척 힘들었다. 신분이 낮은 사람들이 힘든 노역을 견디며 종이를 만들었고 종이를 사용하는 분은 신분이 확연히 높았다. 문필능력이 있는 지식층이면서 종이를 만드는 신분은 스님들뿐이었다.

종이 한 장에 담기는 부처님 말씀, 곧 불경을 스님들이 봉지하고 불화를 모시기 위해 종이가 필요했고 그래서 직접 생산을 담당했다. 종이 만드는 작업은 스님들의 수행이었으며, 종이에는 스님들의 불심이 담겨 있다고 하였다. 이런 차원에서 전통 종이 질의 맥이 절의 스님들에게서 이어져 온 것으로 볼 수 있다. 스님은 사찰에서 내려오는 전통방식으로 한지를 만들며 이를 수행의 경지로 바라보고 계셨다. 스님은 절집에서 한지를 만드는 전통이 다시 일어나길 간절히 바라고 있었다.

청도 산골 마을 어르신들의 추억그림 이야기

〈추억그림 이야기〉는 '청도 산골 마을 어르신들의 한지에 추억그림 이야기' 사업의 결과물이다. 스님은 어르신들을 찾아다니며 소중한 이야기를 들었다. 어르신들이 마음의 문을 열고 붓과 색연필을 쥐고 그림을 그리게 하는 데는 스님의 정성과 진심 어린 소통이 필요했다. 60~90대 어르신 50명이 각자 자신의 마음에 간직한 장면을 한지에 표현했고 스님은 그에 맞는 글로 담았다.

이 책은 첫 장부터 끝까지 단숨에 읽어 갈 수 있다. 어릴 때 이웃 오빠가 꺾어준 감나무가지 하나를 평생 가슴에 묻어 두었다가 이번 추억그림에 그려낸 90대 할머니의 추억은 특별히 감명 깊게 다가왔다. 빨래감을 리어카에 싣고 솥과 장작도 싣고 강가에 가서 빨래도 하며 놀던 내용을 그림으로 담아냈다. 거기에 더해 소 먹이러 가서 기차방구에서 하루 종일 놀던 때를 추억그림으로 그려내려 하기도 하였다. 표현에 서툴렀던 농촌 어르신들이 간직했던 추억의 세계를 드러내도록 하는 것이야말로 그 자체로 이곳 마을 사람들의 소중한 역사일 것이라 생각했다.

닥종이의 새로운 도약

전통한지연구소, 영담한지미술관에 이어 섶마닥종이문화원을 설립하여 섶마리에 정착하였으며, 이를 배경으로 스님은 우리 종이를 재료로 여러 다양한 문화예술 활동을 하고 계신다.

이른바 스님께서는 지역문화 재조명 차원에서 토착재료와 토착지식에 바탕하여 이를 세상의 더 깊숙한 영역으로 확대하려 하고 노력하는 것으로 볼 수 있었다. 어른, 어린이, 젊은이 등 모두에게 의미를 던질 수 있는 닥종이 문화를 현재인의 삶으로 살려내려 한다. 닥종이가 누군가에게는 그리움일 것이고, 또 누군가에게는 아쉬움으로 다가갈 것이다. 스님에게 있어 닥종이는 새로운 미래이며 꿈의 세계인 것이 분명하다. 닥종이를 통한 우리 전통문화의 매력을 어디까지 살려낼 수 있을지를 한층 더 기대하며 스님의 활동에 큰 박수를 보낸다.

제5장
대학생 농촌활력 대안을 제시하다

1. 한국 농촌 마을의 현주소

우리는 경상북도 지원의 '경북 인구구조 변화대응 지역대학 협력사업'에 참여했다. 우리 그룹은 대학원 소속의 유학생과 학부생이 중심이 되어 청도 금천의 어느 마을을 대상으로 조화로운 삶이 가능한 '선주민/이주민 공존공동체'에 대해 모색해보기로 하였다. 우리는 그 이름을 '경북형 글로벌 마을'로 정하고 이런 마을공동체를 어떻게 현실차원에서 실현할 것인지에 관심을 기울였다.

〈섶마리 마을 풍경〉

우리 팀은 '경북형 글로벌 마을' 구축을 위해 청도군 금천면 신지리 일대(섶마리)를 문턱이 닳도록 드나들었다. 청년과 농촌, 지는 세대와 떠오른 세대, 선주민과 이주민, 떠나는 마을과 찾아오는 마을 간의 접점을 찾기 위해서 열심히 뛰어다녔다. 현재 대한민국은 인구구조 변화 대응에 총력을 기울이고 있다.

도시와 농촌의 심각한 불균형으로 인한 청년층의 유출, 이로 인해 고령화되어 가는 농촌 마을, 인구 감소 위기, 활기를 잃어 가는 농촌 마을 등에서 현재 한국 농촌 마을이 당면한 현안을 읽을 수 있다. 이런 시대적 상황에서 시들어 가는 한국 농촌 마을에 활기를 불어넣어 되살릴 수 있는 방법은 없을까?라는 물음을 제기하였다. 정말 청년층이 한국 농촌 마을에 정착할 가능성은 없는가?를 두고 젊은층의 입장에서 그 해답을 찾아보려 하였다.

사회학과 소속의 우리 학부생들[1]이 한팀을 이루어 섶마리 대상으로 청년 친화형 농촌 마을 구축은 가능할 것인가에 대해 타진해 보기로 했다. 청도군 금천면 섶마리를 대상지로 선정한 이유는 전통과 문화가 잘 어우러져 있으며 동시에 이 마을을 둘러싼 자연환경이 수려하여 찾아오는 마을만들기에 좋은 조건을 갖춘 것으로 보았기 때문이다. 우선 현재 농촌 마을의 실정을 알아보고 농촌 마을이 나아가야 할 방향을 설정해보기로 했다. 그런 다음, 섶마리의 매력이 무엇인지 찾아보고, 섶마리가 갖고 있는 토착자원을 활용한 마을 활성화 방안에 대해 모색해보기로 했다.

대학생 시선으로 바라본 한국 농촌 마을의 매력을 발굴하고,

---

1 '청년 친화형 농촌 마을 정착 조건 탐색'은 사회학과 동아리 산정 회원을 중심으로 이루어졌고, 박소현, 김다운, 조유정, 권민석, 김병석, 민지음 등 6명 학생이 이 활동에 참여하였다. 이들의 경험담에 토대해 일부 내용을 재구성하였음을 밝힌다.

청년층이 쉽게 정착할 수 있는 현장여건을 만드는 데 주목하기로 하였다. 이런 시도를 통해 청년에게 매력적인 농촌 마을이란 어떤 모습인지를 타진하는 데 우리의 목적을 두었다. 덧붙여 우리는 이 마을 곳곳에 남아 있는 물적, 인적 측면에서의 지역문화 자산으로는 무엇이 있는지를 실제 답사를 통해 파악하고자 하였고, 이런 노력에 뒤이어 우리가 발굴한 지역 자산을 어떤 방식으로 국내외에 잘 알릴 수 있느냐에 대해서도 관심을 갖기로 했다. 특히 이번 현장수업을 통해 지역문화자산을 어떤 방식으로 관광상품화할 수 있느냐에 대해서도 모색하기로 했다.

대학생 농촌 마을 진단하다

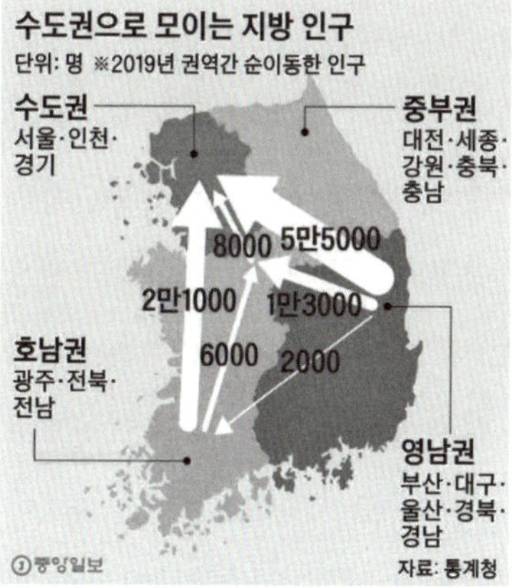

오늘날 지방인구는 수도권으로 집중되는 현상을 보인다. 2021년 통계청의 인구주택 총 조사 결과 전체 인구의 절반이 수도권 거주 인구라는 결과가 있었고, 우리나라 인구의 90.8%가 전체 영토의 6.7% 면적에 거주하고 있었다. 이러한 수도권 중심 인구 쏠림 현상과 지방도시를 비롯한 도시별 성장 불균형으로 인해 농촌 마을 또한 심각한 소멸의 위기를 겪는 것으로 볼 수 있다.

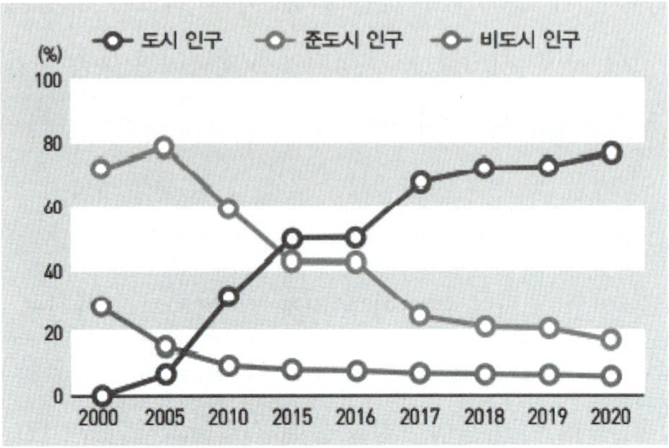

그래프1 연도별 도시·준도시·인구 변화 추이, 통계청 제공

2022년 6월 통계청에서 발표한 '통계플러스 2022 여름호'에 의하면 우리나라는 수도권과 광역시를 중심으로 인구 규모가 큰 지자체일수록 도시가 커지고, 지방 도시 중심의 인구가 적은 지자체일수록 소멸화가 진행 중인 것으로 조사됐다.[2] 이런 현상은 하루아침에 생긴 변화라 할 수 없을 것이다. 과거 20년간의 도시 변화를 살펴보면, 도시의 인구와 면적은 꾸준히 증가했으나 비도시의 면적과 인구는 축소된 것을 알 수 있다. 총인구가 증가했음에도 불구하고 인구가 감소한 시 · 군 · 구가 151곳으로 66%에 달했으며, 20% 이상 감소한 곳도 57곳으로 전체 38%에 달하였다. 인구 규모가 작은 지자체일수록 축소 현상이 심했으며, 2000년까지 준도시 지역이었던 11개 지자체는 시간이 지나면서 사라질 것으로 예상된다. 수도권 집중화가 가속화됨에 따

2 조선비즈(2022.06.29.).

라 지방소멸 현상도 빠르게 나타났으며, 농촌 마을이 이에 속하여 사라지는 추세가 가속화될 것이다.

국토연구원(2020)과 감사원(2021)에 따르면 특단의 대책이 없는 한 지방소멸 위기를 반전시키기란 어려울 것으로 전망된다고 하였다. 국토연구원(2020)은 수도권으로의 청년 인구 유입이 계속되면서 인구집중도가 2020년 50.1%에서 2070년에는 52.4%로 증가할 것이며 수도권과 지방 간의 격차도 더욱 벌어질 것으로 전망하였다. 감사원(2021)은 합계 출산율 0.98명 가정하에 소멸 고위험 지역이 2017년 12개에서 30년 후인 2047년에는 157개로 급격히 증가할 것이라 하였고, 2117년에는 서울 강남구 등 전국의 8개 시 · 군 · 구를 제외한 거의 대부분 지방이 소멸할 것으로 전망하였다.

그동안 정부에서 추진했던 도시-산업 중심의 발전 전략이 도농 간의 심각한 불균형 발전을 초래했다고 할 수 있다. 낮은 농산물 가격으로 인하여 농가소득이 감소하고 도농 격차가 심화되면서 농민의 빈곤화를 가져왔다. 정부의 산업 기반 투자는 도시와 산업에 집중되면서 결과적으로 농촌과 도시의 불균형을 낳았으며 이런 불균형의 심화는 농업의 위기를 넘어 농촌사회의 붕괴의 원인으로 지목될 정도이다.

농업의 사업성이 좋지 않은 관계로 농촌에 사는 인구(농가 인구) 또한 감소하는 경향을 보여준다. 한국 농촌은 1990년대 이후부터 세계화로 인한 어려움에서도 자유롭지 않다. 자유무역협정을 추진하면서 농가 경제의 어려움이 커졌으며, 농업에 종사하는 인구도 감소하는 추세를 보였다. 그리고 최근의 초저출화 경향에서 이농하는 인구도 늘어났고, 또 혼인율이 감소하면서 농촌경제에 큰 타격을 미치게 되었다. 지방인구가 줄어드는 것에 비례하여 농가인구도 지속적으로 감소하고 있다.

통계청(2022)의 조사 결과에 따르면 농가인구 비율이 전체 인구에 5.8%로 291.2만 명인 2012년 대비 2021년 농가인구 비율이 4.3%에 농가인구수가 221.5만 명으로 약 70만 명이 감소하였다. 농가인구의 경우 65세 이상 고령인구의 비율이 46.8%에 달하며 고령화 또한 갈수록 심화하고 있다. 이와 같은 통계 자료를 고려할 때 한국 농촌 미래는 그리 밝지 않은 것으로 볼 수 있다.

알다시피, 농촌인구 대부분은 1차 산업 위주인 먹거리 위주 업종에 종사한다. 농촌이 고령화 사회로 접어들면서 매년 농사를 지을 수 있는 인구가 줄어들고 있으며, 이런 농사짓는 후속 세대의 단절로 인해 농지효율성 또한 계속 떨어지고 있는 것으로 볼 수 있다. 이는 농업 기반 산업의 유지에도 큰 어려움을 줄 것이다. 결국 농촌이 활력을 잃게 되고 지방경제 여건이 악화되면서 농촌을 버리고 도시로 가버리는 악순환이 반복되는 것으로 볼 수 있다. 정부가 다양한 방안을 내놓고 있지만, 농촌에 청년들을 돌아오게 하는 마땅한 방법을 찾기란 쉽지 않아 보인다.

이런 현실적 문제에 직면하여, 우리는 청년의 입장에서 본 농촌 마을 활력 방안에 대해 의견을 제시해 보고자 하였다.

2. 질문 하나: 청년층이 농촌 마을에 살지 않는 이유

우리는 경북 인구구조 변화대응을 위한 지역대학 협력사업에 참여하였는데, 이 사업 참여에 앞서 20대 56명을 대상으로 '청년층이 농촌 마을에 살지 않는 이유는 무엇일까'에 대해 설문조사를 실시하였다. 다양한 대답들이 나왔지만, 그중 일자리 문제(17.24%)가 가장 높은 비율을 차지했으며, 그 다음으로는 각종 기반 시설부족(13.19%)으로 답했고, 마지막으로 문화예술 관련의 인프라 부족(13.18%) 순으로 응답하였다.

일자리 문제에 대한 답변을 자세히 살펴보면, 농업을 제외한 일자리가 부족하다는 점, 농업 활동만으로는 경제생활을 이어나가기 어렵다는 점, 농업을 직업으로 희망하지 않는다는 점, 국제적으로 한국 농업의 경쟁력이 저하되었다는 점, 현재 농업에 종사하고 있는 부모 세대가 자식에게 농업을 대물림하기를 꺼린다는 등의 후속 답변이 이어졌다.

인프라 부족과 시설부족 문제는 도시와 비교했을 때 교통 인프라, 문화 인프라 그리고 기초적인 생활 인프라와 편의 시설 등이 제대로 갖춰져 있지 않기 때문에 청년층이 농촌에 거주하기를 싫어한다는 것이었다. 이외에도 청년층이 농촌에 거주하지 않으려는 이유로는 농촌에 대한 인식이 제대로 정립되어 있지 않다는 점을 들었다. 농촌에서는 농업만 해야 한다는 생각이 지배적으로 나타났고, 또 농촌은 퇴직한 노년층이 여생을 자연과 함께 보내기 위한 곳이라는 의식이 강하다는 반응을 보였다.

기타 요인으로는 외부세계와의 단절, 수도권 및 도시적 삶의 맹목적 추구, 자녀 양육 및 교육 여건 부족, 사회경제적 기회 부족, 농촌의 고령화와 인구 부족, 인프라 부족 등을 꼽았으며, 이런 요인들이 공통적으로 작용하며 지역붕괴의 악순환으로 이어진다고 했다.

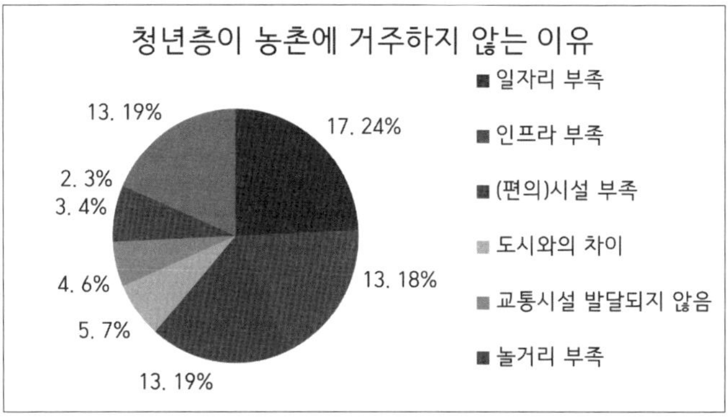

이와 같은 농촌사회의 인구감소로 비롯된 심각한 지역변화는 전북 진안군 마령면의 사례를 통해 짐작할 수 있다.

인구가 1800명 남짓한 전북 진안군 마령면이 30년간 겪은 변화는 다음과 같다. 마령면의 인구가 줄어들면서 수요가 줄어든 마령시장(5일장)이 기능을 상실하기 시작했다. 이로 인해 지역 단위 농협이 진안농협과 통폐합되었다. 지역경제악화로 인해 면사무소 소재 한의원과 약국이 폐업하기 시작했으며, 군내버스 배차 간격의 조정도 불가피하였다. 경제수요가 지속적으로 악화되면서 식당들은 속속 폐업하기 시작했다. 마령면 주민들도 의료, 문화, 복지 등과 같은 기본 생활서비스를 누리기 위해 군청 소재의 진안읍까지 나가야 했으며, 초등학생들의 경우도 대개 5학년이 되면 진안읍 지역 소재의 초등학교로 전학을 가야했다. 이런 상황이 더 지속된다면 2030년경 마령면은 생활권 중심지로서의 기능을 상실할 것으로 보인다.[3]

마령면 사례는 극소수 지역에만 나타나는 특수 상황이라 할 수 없을 것이다. 안타깝게 전국 1169곳 면지역 대다수가 유사한 상황을 겪고 있다. 이처럼 대부분 농촌지역은 인구 감소로 인한 필수적인 경제 · 사회 서비스(의료, 돌봄) 부족을 겪고 있으며, 덩달아 청년층들도 일자리 문제 등으로 농촌을 이탈하면서 농촌인구 상황은 악순환 고리를 겪으며 새로운 돌파구를 찾지 못하고 있다. 심각한 상황을 맞이하여 자기소멸의 단계를 밟고 있는 농촌지역을 현대적 시각으로 재조명할 수 있느냐는 현안의 과제일 것이다. 무엇보다도 농촌인구 이탈방지 및 유입을 유도함으로써 농촌 활력을 모색하는 데 국가적 관심을 두어야 할 것이다.

3. 질문 둘: 청년층 유입을 위한 마을 변화

청년층의 농촌 마을 정착을 위한 정주 조건을 알기 위해 20

3 한국농어촌신문(2017.09.26.).

대 청년 56명을 대상으로 '청년층의 농촌 유입을 늘리기 위해서 마을은 어떤 변화가 있어야 되는가?'에 대해 질문을 던졌다. 돌아온 대답을 통해 20대 청년이 바라는 농촌 마을의 변화 방향을 파악할 수 있었다.

첫째, 청년층은 정주를 위한 다양한 인프라가 구축되어야 한다고 말했다. 서울을 비롯한 수도권에 인구집중화 현상이 일어나는 가장 큰 이유를 각종 인프라 구축이 잘 되어 있기 때문이라 보았다. 보건, 의료, 교육 인프라가 제대로 구축되어 있지 않은 농촌에서 출산과 육아, 의료시설의 불편함을 감수하면서까지 거주할 청년층을 찾기란 어렵다는 것이었다. 결국 청년들의 거주에 대한 주된 관심은 인프라가 잘 갖추어진 도시지역에 있다고 하였고, 다시 말해 그런 여건에서 거리가 먼 농촌에 이주하여 정주하는 것에 강한 거부감을 드러냈다. 이런 점에서 유의할 때 농촌으로의 청년 유입을 위해서는 편리하고 효율적인 교육, 보건, 의료, 문화 등의 인프라를 구축하는 것에서 시작해야 한다고 보았다.

둘째, 청년층이 농촌에서 안정적으로 정착할 수 있도록 하기 위해서는 일정 기간 동안의 경제적 지원이 필요하다고 응답하였다. 2022년 5월 경상북도는 광역지자체 최초로 영농진입의 가장 기본인 농지 마련에 어려움을 겪고 있는 청년 농업인들 대상으로 농지임대료를 지원하기로 했다.[4] 청년이 농촌에 정착하

4 데일리 뉴스 대구경북(2022.05.12.).

는 데 가장 큰 어려움인 농지를 확보해주며, 또 농업에 필요한 경영자금을 확보하는데도 지자체가 적극 도움을 제공하겠다는 것이다. 이런 좀 더 적극적 사업발굴이 있을 때 청년들이 농촌에 유입될 수 있을 것이며, 또 그들이 농촌 여건에 안정적으로 정착할 수 있을 것으로 보았다. 이외에도 LH에서 시행하는 청년 전세 임대주택과 청년 주택 아파트 건설을 대도시 중심이 아닌 농촌지역에서도 시행할 필요가 있다고 하였다. 이런 시설이 제공된다면 청년들의 농촌 정착에 큰 유인책이 될 것이라 했다. 청년들이 농촌지역에 정주하여 삶을 영위해 나가기까지 국가영역에서의 어느 정도까지의 경제적 지원이 필요하다는 것이었다. 다양한 인프라가 부족한 농촌지역에서의 불편한 삶을 감수하면서까지 농촌지역에서 자립할 수 있도록 하기 위해서는 국가와 지자체의 장기간 지역개발을 통한 인프라 구축이 필요하며, 무엇보다 청년의 안정적 농촌 정착으로 이어질 수 있는 경제적 지원이 요청된다고 하였다.

셋째, 농촌에 대한 현대적 관점의 인식전환과 이를 통한 지속 가능한 일자리 창출이 이루어져야 한다고 말했다. 대부분의 젊은이들은 궁극적으로 농촌은 도시와 단절된 곳이며 고령화로 인한 지속발전 가능성이 불가능하다는 인식을 가지고 있었다. 청년층이 농촌 마을에 관심을 갖기 위해서는 이와 같은 인식에서 탈피하여야 한다고 보았다. 앞으로 농촌은 단순 노동을 활용한 1차 산업이 아니라 AI, IoT, 드론 등 4차 산업혁명 기술을 활용한 스마트팜, 디지털 농업이 이루어질 필요가 있으며, 이는 청년층에게 적합한 일임을 적극적으로 홍보해야 한다고 하였다. 뿐만 아니라 농촌은 농사만 짓는다는 인식의 한계에서 벗어나 농사를 짓지 않더라도 다양한 방식으로 농촌생활과 경제활동을 할 수 있는 곳으로 바라보는 현대적 관점으로의 인식전환이 필요하다고 하였다. 농촌 마을이 가진 전통적 가치를 활용한 청년사업의 유치를 위해 지역자치단체의 꾸준한 홍보와 홍보 프로그램 개발이 무엇보다도 필요하다고도 보았다. 농촌에 대한 현대적 관점으로의 인식전환이 필요하며, 또 청년층이 농촌 마을이 갖고 있는 지역자산을 발굴하여 현대적으로 활용한다면 청년층의 일자리 창출은 물론이며 농촌 마을의 활성화를 무난히 달성할 수 있을 것이라고 했다.

마지막으로, 경험과 자본이 부족한 청년층이 농촌에 정착하기 위해서는 그들을 응원하는 정성과 노력이 필요할 것이라고 하였이다. 현대적이고 도시적인 감각에 사로잡힌 청년층이 낙후되어 있고 정적인 농촌 마을에 정주하기란 쉽지 않을 것이다. 청년층에게 매력적인 농촌 마을의 의미를 찾을 수 있는 다양한 방안을 모색해야 할 것으로 보았다. 사회는 청년과 농촌 마을 간의 적절한 연결고리를 만들어주는 데 정성을 쏟아야 할 것이라고도 했다. 경험과 자본이 부족한 청년층이 관심을 가질 수 있는 그 어떤 매력을 끌 수 있는 장면을 마련할 필요가 있다고 보았다. 이런 여건을 조성하여 농촌 마을에 가까이 하다보면 그 어떤 매력이 보이고 매력에 빠지면 정착을 꿈꿀 것이며, 그런 꿈을 꾸다 보면 그 꿈이 지상으로 내려와 현실이 될 수 있을 것이라고 했다.

물론 청년층도 농촌생활에 도전하려는 좀 더 강력한 의지를 가져야 할 것이라고도 하였다. 청년층이 농촌을 알 수 있고 친숙하게 다가갈 수 있는 다양한 장면을 만들 수 있느냐가 중요한 관건이라고 보았다. 청년층 대상으로 도시인으로서의 삶에서 좋은 자리가 없다며 불평에 싸이도록 하지말고, 그들에게 시야를 더 넓혀 새로운 안목으로 농촌사회를 들여다볼 수 있도록 해야 할 필요가 있을 것이다.

이런 측면에서 사회에서도 청년층을 향한 더 다각도의 지원과 가능성을 찾도록 여건을 조성해야 할 것이다. 청년층이 농촌에 안정적으로 정착하기 위해 정주민과 함께하는 맞춤형 교육을 실시할 필요가 있으며, 특히 농촌 선주민과의 멘토링 시스템을 구축함으로써 청년층의 실질적 교감세계를 만들 수 있어야 할 것이다. 이런 여건이 조성된다면 청년층의 농촌 정착도 어려운 과제라 할 수 없을 것이다.

청년층의 농촌 정착은 그들이 느끼기에 일과 삶의 균형이 보장될 때 가능할 수 있을 것이라고도 했다. 이처럼 일과 삶의 균형에 특별히 관심을 갖는 청년층의 인식체계에 염두를 둘 때, 농촌 마을 활력찾기도 일과 삶의 균형감을 갖추도록 하는 데 관심을 둘 필요가 있을 것이다. 앞에서 말한 것처럼 농촌 공공 인프라 구축, 양질의 일자리 창출 등의 몇 가지 요인이 충족된다면 청년층의 농촌 정착이 불가능하지 않을 것이다. 이 시점에서 무엇보다 중요한 점은 청년층을 대상으로 농촌사회를 어떤 식으로 알려 농촌 마을에 보다 친근하게 다가갈 수 있는 여러 교육프로그램을 구축할 수 있어야 한다는 사실이었다.

4. 대학생 농촌 마을 활성화에 기여하다

청년층의 농촌 마을 유입에 대학은 어떠한 역할을 할 것인가? 대학은 청년과 농촌이 친숙한 관계를 맺을 수 있는 다양한 강좌를 개설할 필요가 있을 것이다. 이런 강좌개설을 통해 청년들로 하여금 농촌 관련 인식을 새롭게 재정립할 기회를 마련해 줄 수 있어야 한다. 우리는 대학교육 중에서 농촌 마을 관련 강좌를 잘 들을 수 있는 기회를 가질 수 없었으며, 특히 대학 - 지역사회 연계형 교육 관련 강좌를 잘 찾을 수 없었다. 이런 상황에서 우리에게 농촌 사회가 어떤 의미이며, 또 농촌의 미래는 어떠할 것인지 등에 잘 알 수 없었다.

현재 많은 청년들은 서울권으로 이동하여 정착하려고 한다. 청년들이 지방을 버리고 서울권으로 가려는 이유는 일자리와 생활 인프라 때문일 것이다. 수도권 중심주의와 그런 경향을 반영한 현실적 삶의 질이 과연 비례할 것인가? 단언컨대 이런 현상은 많은 부작용과 삶의 질 저하를 가져온다고 말할 수 있다. 좁은 지역에 수많은 사람이 모여 살 경우 집값은 높아질 수밖에 없을 것이며, 이는 결국 청년층을 어려움에 몰아넣을 수 있을 것이다. 영끌, 빚투족과 같은 말이 사용되는 현시대의 상황을 볼 때 수도권 지역으로의 이동이 마냥 좋은 삶이라보기는 어려울 것이다. 이런 현실 문제를 둘러싼 인식을 바탕으로 대학에서는 다양한 각도로 사회를 좀 더 거시적으로 바라볼 수 있는 인식향상 관련 교육강좌를 개설할 필요가 있을 것이다.

여기에서 그치는 것을 넘어서 대학교육은 농촌 친화적인 삶에 보다 현실적으로 다가갈 수 있도록 교육을 준비할 수 있어야 할 것이다. 농촌에서 청년 삶에 실질적 도움이 될 수 있는 다양한 분야의 연구를 진행할 필요가 있으며, 그런 연구에 바탕한 충실한 강의를 할 수 있어야 할 것이다. 섶마리를 포함한 대부분 농촌 마을의 주소득은 농업을 통한 작물 재배로 형성되는 것으로 볼 수 있었다. 현재 노인 연령층이 주로 거주하는 농촌 마을에서 농업 전망은 그리 밝아 보이지 않았다. 노인만으로는 농촌의 전망을 열기란 어려우며, 또 농촌을 더 발전적으로 일구어 나가기에도 어려움이 클 것이다.

이런 상황에서 지역대학의 역할이 중요할 것이다. 대학은 4차 산업시대에 즈음한 디지털 농업 지식과 실습을 위한 실용학습 프로그램을 개발할 수 있어야 하며. 이를 농촌 현장에서 활용토록 해야 할 것이다. 이런 좋은 예는 온라인 직거래나 스마트 팜에서 찾을 수 있다. 온라인을 통한 경제활동, 홍보 등이 활발한 현시대 상황에 맞추어 지역의 농산물을 알리고 판매하여 경제적 이득으로 이어질 수 있도록 교육환경을 유도할 수 있어야 한다. 또한 정보 기술과 통신 기술의 총칭인 ICT 기술을 비닐하우스나 유리온실에 접목하여 기존 방식보다 편리한 최적의 농업환경을 조성할 수 있어야 하며, 이런 조건을 토대로 농산물의 품질을 높일 수 있어야 한다. 대학은 이러한 첨단기술 영역을 관장함으로써 청년 친화형 농업여건을 만드는 데 노력해야 할 것이다. 이런 조건이 갖추어지면 청년들도 농업영역에 더욱 쉽게 다가설 수 있을 것이다.

덧붙여 대학은 일종의 '지역문화센터'와 같은 역할도 병행할 수 있어야 할 것이다. 학령감소기에 당면한 지역대학의 경우, 특히 전 생애에 걸친 평생교육 기반을 마련할 수 있어야 하며, 이를 토대로 인근의 농촌주민들 삶의 질 개선에 한발 가깝게 다가설 수 있어야 할 것이다. 국가의 대학교육 정책에서도 빠른 속도로 변하는 현대 사회의 흐름을 반영하여야 하며 동시에 다양한 기술과 지식을 습득할 수 있도록 교육 여건을 개선해야 할 필요가 있으며, 특히 지역대학 교육을 인근의 주민들 대상으로도 한층 확대할 필요가 있을 것이다.

우리는 이번 농촌 마을 관련 과제를 하면서 강의실에서 이론 중심으로 진행되는 수업에서 벗어날 필요가 있으며, 이를 마을 현장의 답사와 탐방 중심으로 수업을 진행해야 한다는 점에서도 깊이 공감할 수 있었다. 청년과 농촌 마을의 연결고리를 찾고 이를 통해 청년들이 농촌 마을의 매력을 찾고 청년 친화형 농촌 마을을 형성할 수 있는 방안을 우리 나름대로 모색하고자 하였다. 대학생이 참여한 농촌 마을 활력증진을 위한 실제 수업 사례에 대해 좀 더 자세히 소개하고자 한다.

♠ 찾아오는 마을 만들기 '지역사회 캡스톤디자인'의 현장화

우리가 참여한 '지역사회캡스톤디자인' 수업은 지역사회가 당면한 문제를 학생들이 스스로 발견하고 이의 해결도 학생 중심으로 모색하는 현장 중심형으로 진행되었다. 보통 기존의 수업은 여건이 허락되지 않는 관계로 강의실에서 이론 위주로 강의가 진행된다. 이에 비해 이번 캡스톤디자인 수업은 '경상북도 인구구조 변호대응 지역활력 사업'에 참여했던 관계로 학교 부근의 몇몇 현장 마을을 직접 답사하였고, 이런 답사를 토대로 지역 현안을 파악하려 하였으며, 이어 청년의 시선으로 본 현안에 토대하여 우리 나름의 농촌 마을 문제 관련 해결책을 찾으려 하였다. 학부 3~4학년으로 구성된 수강생들은 인구소멸지역인 청도군과 군위군을 대상으로 마을 답사에 참가했다. 우리는 각자가 소속된 팀별에 따라 이 두 곳 지역의 마을을 대상으로 주어진 활동을 진행하였다.

2022년 10월 2일 학부생 27명이 청도군 소재 청도읍성과 새마을발상지인 신도마을, 그리고 6~70년대 흔적이 남아있는 유천문화마을을 탐방하였다. 10월 3일은 학부생 29명이 군위군 소재의 경관이 아름다운 화산마을과 시골 역전의 흔적을 살린 화본역을 탐방했다. 청도팀과 군위팀은 각각 4개의 조로 이루어졌고, 팀별로 마을을 탐방한 후 조별 회의와 재탐방을 통해 지역자원을 활용한 다양한 굿즈와 홍보영상을 만들었다. 이런 절차를 거치며 참여했던 각 조별의 활동내용을 소개함으로써 청년의 시선으로 바라본 농촌 마을 활력방안의 실제를 좀 더 구체적으로 들여다 보도록 한다.

♠ 청도팀1: 신도마을의 글로벌화

청도 1팀은 '신도마을의 글로벌화'에 목표를 두고 신도마을을 찾았다. 신도마을은 새마을운동의 발상지로 새마을 정신의 계승에 공을 들이고 있었고, 마을 곳곳에서 새마을 관련 다양한 활동을 시각적으로 드러낼 수 있도록 설계되어 있었다. 새마을운동 발상지 기념관, 새마을 체험 공간, 대통령 전용 열차 등을 설치하여 볼거리가 다양했으며 따라서 청도군 내 대표적 관광지로 볼 수 있었다. 조원들은 두 차례에 걸쳐 마을 현장을 두루 답사하였고, 이런 현장답사를 통해 신도마을이 갖고 있는 문제점을 찾을 수 있었다. 즐길 거리가 충분함에도 불구하고 관광자원으로써 신도마을이 의외로 잘 알려지지 않았다는 점을 안타까운 시선으로 바라 보았다. 특히 한국 관광객들에게조차 신도마을이 생소한 곳으로 보였는데 하물며 외국인에게는 더욱 낯선 곳으로 보일 수 있을 것이라는 생각이 들 정도였다. 이런 점에 유념하면서 학생들은 신세대에게 매력이 끌리는 신도마을의 관광 활성화를 시도하였으며, 이에 의거해 많은 외국인들을 유입할 수 있는 홍보방안이 필요할 것이라는 결론을 내었다. 이를 토대로 조원들이 의논을 거듭하는 가운데 드디어 신도마을을 알리기를 위한 달력과 마스킹 테이프를 제작하기로 결정했다.

우선 달력은 다가올 2023년을 맞이하여 실용성에서 좋은 선택일 것이라고 보았다. 무엇보다 자그마한 낱장 달력을 제작하였기 때문에 우드 받침대를 활용하여 책상에 두거나 벽에 붙이면 일상생활에서 매우 실용적이라 생각했다. 또한 사진이 들어간 포토달력 형식으로 제작함으로써 신도마을을 효율적으로 알릴 수 있다고 보았다. 덧붙여 신도마을 곳곳에 있는 아름다운 모습을 고스란히 담아낼 수 있으며 이를 활용하여 한국 농촌 마을을 해외에 홍보할 수 있을 것으로 판단했다. 사진이라는 매체를 통할 때 사람들은 직관적으로 마을을 이해할 수 있을 것으로 보았으며, 이는 내국인뿐만 아니라 외국인에게도 상당히 긍정적 홍보 효과를 불러일으킬 수 있다고 보았다. 또 사진을 통할 때 마을 관련 내용에 더 많은 호기심을 불러일으킬 수 있을 것으로도 보았다. 이를 적극적으로 활용한다면 신도마을의 아름다운 풍경을 알리는 동시에 내외국인 관광객에게 멋진 효과를 줄 수 있을 것으로 보았다.

다음으로, 그들은 마을 곳곳을 답사하며 촬영한 사진들을 트렌드에 맞도록 레트로 감성으로 보정하여 달력에 첨부하였다. 이렇게 함으로써 관광객의 흥미를 끌 수 있도록 했고 외국인에게도 한국 마을의 아름다움에 흠뻑 빠질 수 있는 기회를 제공하려 했다.

마지막으로, 달력에 새마을운동 관련 기념일을 달마다 해당 날짜에 표시해 놓음으로써 새마을운동 관련의 핵심적 역사적 사실을 상기할 수 있도록 했고, 나아가 외국인 입장에서도 새마을 정신의 의미를 쉽고 편리하게 이해할 수 있도록 했다. 그리고 이에 의해 외국인이 새마을운동을 한층 잘 이해하여 세계 속에 한국을 알리는 데 일조하도록 했다.

달력과 더불어 제작한 것은 카드뉴스였다. 카드뉴스를 통해 SNS홍보에 도움을 받으려 기획하였다. SNS홍보를 통할 때 시공간의 제약을 받지 않고 홍보에 쉽게 접근할 수 있는 장점이 있음에 착안했다. 이를 통해 한국뿐만 아니라 외국에서도 언제든지 게시물을 볼 수 있게 하였다. 이런 카드뉴스를 활용한다면 외국인도 신도마을이 풍기는 긍정적 이미지를 충분히 이해하는 데 도움이 될 것으로 보았다. 제작된 카드뉴스는 게시물마다 QR코드를 만들어 달력에 첨부하였고, 이 QR코드를 찍으면 바로 인스타그램에 연결되어 게시물을 볼 수 있도록 하였다. 게시물의 내용은 새마을운동의 역사, 새마을운동 발상지 기념공원 홍보 등으로 배치하여 아주 쉽게 새마을 운동의 핵심을 파악하도록 구성하였다. 제작된 카드뉴스 및 QR코드는 따로 인터넷 홈페이지에 접속함으로써 해당 내용을 보는 방법뿐만 아니라 인스타그램으로 바로 연결되도록 하여 누구라도 간편하면서도 편리하게 볼 수 있게 하였다. 이렇게 함으로써 세계 여러 나라 사람들에게 신도마을의 이야기를 쉽게 전달할 수 있도록 했다. 이는 새마을운동의 세계적 홍보와도 직결될 것이며, 나아가 한국 마을문화를 세계에 홍보하는 것으로도 이어질 수 있는 것으로 보았다.

마스킹 테이프까지 제작하였는데 이는 다이어리나 제작된 달력에 활용할 수 있도록 하였다. 새마을운동 로고, 새마을운동 캐릭터 등 친근한 이미지를 넣었기 때문에 시각적 홍보 효과가 뛰어나며 또 직관적으로 이해하는 데 도움이 된다고 보았다. 또한 요즘 다이어리에 마스킹 테이프를 활용하여 꾸미는 것이 트렌드인데, 그런 트렌드에 맞게 마스킹 테이프를 적극 활용할 수 있도록 하였다. 또 제작된 달력을 낱장 달력으로 하였기 때문에 달력을 벽에 붙일 때 마스킹 테이프를 사용하여 붙일 수 있도록 하였고, 이렇게 함으로써 사용 용도를 다양하게 할 수 있도록 하여 그 실용성을 높이려 했다.

이런 식으로 제작된 홍보물 활용할 때 내국인뿐만 아니라 외국인에게도 신도마을을 쉽고 편리하게 알릴 수 있을 것으로 보았고, 또 이런 노력을 통해 농촌 마을 활성화에 기여할 수 있을 것으로도 보았으며, 나아가 청도를 한층 글로벌화할 수 있도록 기획하였다. 다음은 청도 1팀의 조원들이 만든 홍보물의 예이다.

〈신도 마을 달력〉

〈마스킹 테이프〉

♠ 청도팀2: 유천문화마을 K-Village 프로젝트

청도 유천문화마을은 70~80년대 모습을 그대로 간직한 곳으로 알려져 있다. 이 마을에서 우리는 약방, 다방, 점빵, 소리사, 극장 등 근대시대에 지어졌던 여러 건물들을 볼 수 있었다. 또한 이 마을에는 현대 시조문학사에 큰 업적을 남겼던 이호우, 이영도 시인의 생가가 잘 보존, 복원되어 있으며, 인근에서는 두 시인을 기념하기 위한 오누이 공원이 잘 조성되어 있어 이 마을을 찾는 이들에게 쉼터의 역할도 하고 있다. 이 마을의 지명인 내호리는 청도천과 동창천이 합류해 밀양강으로 흐르는 합류지점이자 경남 밀양시와 경계를 이루는 곳에 위치한 교통 요충지 마을이기도 하다. 그 시절 이 마을은 청도읍 출장소, 유천극장이 세워졌을 정도의 큰 상권을 이루었던 곳으로써 물류과 경제의 중심지이기도 했다. 아직도 시간이 멈추어 있는 듯 과거의 영화를 보여주는 정미소와 영화관을 만날 수 있다.

사회학과 학생들 중 청도 2팀은 유천문화마을을 탐방했다. 유천문화마을은 아직 손볼 것들이 많고, 관광지로의 모습을 잘 갖춘 곳은 아니라는 생각이 들었지만, 현재 마을 복원을 위한 조성사업이 진행 중에 있다는 사실을 알게 되었다. 이 사업이 성공적으로 잘 진행된다면 더 많은 관광객이 찾을 수 있을 것이라고 보았고, 또 한국 마을의 글로벌화도 한층 탄력을 받을 것으로 보았다. 이는 자연스레 K-Viilage 구축으로 이어질 수 있을 것이라는 생각이 들기도 했다. 그들은 유천문화마을에 남아 있는 이영도, 이호우 시인의 생가와 근대문화마을의 특징을 살려내려는 그들만의 프로젝트를 진행하기로 했다. 청도 2팀은 마을이 간직한 근대 시절 모습을 한층 더 실제적으로 느낄 수 있도록 하면서 이를 국내외 곳곳에 알릴 수 있는 몇 가지 굿즈를 제작하기로 했다. 청도2팀 소속 학생들이 유천문화마을 대상으로 실시했던 마을 활성화 방안에 대해 좀 더 살펴보도록 한다.

지역자산을 활용한 체험프로그램

청도 2팀은 마을의 지속적인 발전을 위한 인프라 구축이 필요하다는 데 의견을 모았고, 이런 인프라 구축을 위한 체험 프로그램을 구상했다. 먼저, 청도의 대표 특산물인 감을 이용해 쉽게 만들 수 있는 '감청, 감잼 만들기 체험' 프로그램을 기획했다. 이 프로그램에 꼭 필요한 요소로는 감청과 감잼을 만드는 데 지침이 되는 레시피 키트였으며, 그리고 이런 레시피를 만드는 법 관련 리플릿을 제작하여 안내하는 것이었고, 또 이를 집에서도 아주 쉽게 셀프로 만들 수 있도록 하는 내용을 포함하는 것이었다.

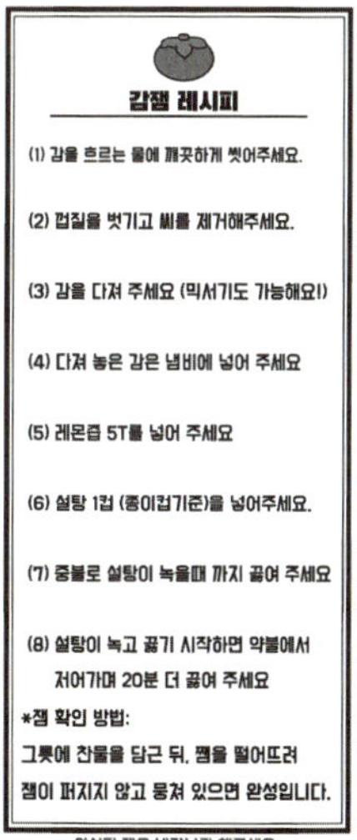
감잼 레시피

(1) 감을 흐르는 물에 깨끗하게 씻어주세요.

(2) 껍질을 벗기고 씨를 제거해주세요.

(3) 감을 다져 주세요 (믹서기도 가능해요!)

(4) 다져 놓은 감은 냄비에 넣어 주세요

(5) 레몬즙 5T를 넣어 주세요

(6) 설탕 1컵 (종이컵기준)을 넣어주세요.

(7) 중불로 설탕이 녹을때 까지 끓여 주세요

(8) 설탕이 녹고 끓기 시작하면 약불에서 저어가며 20분 더 끓여 주세요

*잼 확인 방법:
그릇에 찬물을 담근 뒤, 잼을 떨어뜨려 잼이 퍼지지 않고 뭉쳐 있으면 완성입니다.

완성된 잼은 냉장보관 해주세요.

두 번째로는 '근대문화체험코스'를 개발하여 관광자원으로 활용할 수 있도록 했다. 드라마 '오징어 게임'을 통해

널리 알려진 '달고나 뽑기, 딱지치기, 땅따먹기, 고무줄놀이, 구슬치기, 공기놀이' 등 7개의 미션을 정하였고, 유천문화마을의 대표적 건물을 대상으로 체험장소로 지정하였으며, 이렇게 7개를 다 채우면 추억의 과자 한 묶음을 증정할 수 있도록 했다. 그들은 이의 보증을 위한 스탬프 투어 지도를 제작하였다.

세 번째는 오랫동안 한국인의 역사에서 큰 부분을 차지하는 서예를 적용하여 이영도, 이호우 시인의 시조를 써볼 수 있도록 한 체험을 기획하였다. 서예체험의 경우, 한국 관광객은 물론이며 외국인 관광객에게도 큰 흥미를 유발할 것이며, 이런 과정을 거칠 때 한국 문화에 자연스레 관심을 가질 것으로 생각했다. 그들이 직접 먹을 갈아 한지에 쓴 시조를 가져갈 수 있도록 기획하였으며, 그리고 줄에 한지를 매달아 체험장소를 효율적으로 알리도록 함으로써 이 체험의 전시 효과를 높이도록 하였다.

네 번째는 도장만들기 체험프로그램을 운영하는 것으로 기획하였다. 도장체험을 할 경우 근대미를 한층 잘 살릴 수 있을 것으로 생각했다. 도장체험은 날짜 도장, 영화표에 찍어주던 도장, 기차표 도장 등으로 기획하여 참여자들의 흥미를 유발하도록 하였다. 특히 유천역과 유천극장을 유천문화마을의 대표 건물이라 보았으며, 이 두 곳을 근대시절의 상징으로 보고 도장으로 조각할 수 있도록 하였다. 도장체험에는 먼저 도안에 바탕으로 자유롭게 조각할 수 있도록 했으며, 도장만들기를 키트로 제작, 판매할 수 있도록 했다. 그들은 이런 나름의 기획을 통해 이 마을의 활성화에 도움을 제공하려 했다.

다섯 번째는 떡만들기 체험을 진행하였다. 유천문화마을에 남아있는 영신정미소는 다른 장소에 비해 크고 내부에 그 당시 모습을 볼 수 있는 쌀포대와 기계 등이 그때 모습으로 전시되어 있다. 이른바 다른 곳에서 잘 찾을 수 없는 옛 정미소 모습이 잘 보존되어 있다. 또 유천 농협 창고에는 당시의 쌀가마니가 그때 그대로의 모습으로 그려져 있었다. 그들은 떡 만들기 체험을 통해 영신정미소의 의미를 살리려 시도했다. 그들은 직접 반죽을 치고 모양을 빚어 떡을 간단하지만 직접 만들 수 있도록 했고, 이어 그 자리에서 바로 자신이 만든 떡을 시식할 수 있도록 했다.

레트로 감성자극 체험프로그램

청도2팀은 유천문화마을만이 갖고 있는 지역자산을 활용해 레트로 감성을 자극할 수 있는 프로그램을 기획했다.

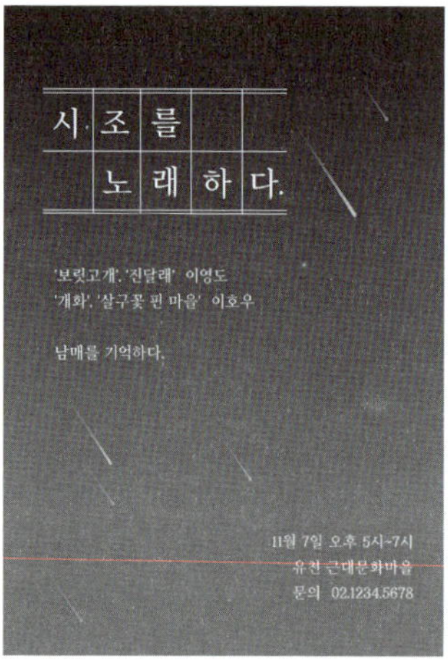

가장 먼저 생각한 것은 '시조 버스킹'이었다. 북 콘서트 형식으로 이영도, 이호우 시조 작가의 작품 중에서 당시 계절, 상황 등에 맞는 시조를 골라 낭송하였으며 이 분위기에 어울리는 음악을 기타나 국악기 등의 몇몇 연주를 곁들여 들려주는 것으로 기획하였다. 격식 있는 콘서트라기보다는 버스킹처럼 지나가며 편하게 듣도록 하거나, 혹은 제대로 자리 잡고 들을 수 있도록 자유로운 분위기 속에서 즐길 수 있도록 하였다. 이는 누구라도 부담없이 편하게 즐길 수 있는 일종의 즉석 문화행사로 기획하였다.

조원 중 일부는 '7080 라이브 콘서트'를 유천문화마을에서 진행한다면 좋을 것이라고 제안했다. 평소에도 마을에 7080 노래가 흐르지만, 여름, 가을 등 계절 특집으로 신청을 받아 관광객들이 직접 노래하도록 하는 방식으로 진행하도록 기획했다. 우리나라 70~80년대 모습을 간직한 유천문화마을에 7080 노래가 상시로 흐른다면 이 마을의 분위기와 잘 어울릴 것으로 보았다. 또한 레트로 감성과 유천문화마을을 결합시킬 수 있는 포인트가 될 것으로 보았다. 추가로 예전 DJ가 진행하던 음악다방처럼 관광객이 미리 사연을 보내면 DJ가 직접 사연을 읽고 신청곡을 틀어주는 코너도 덧붙여 진행한다면 더할나위 없이 좋을 것으로 보았다.

유천문화마을에는 약방으로 운영되었던 가게가 여럿이 있다. 그들은 현재 문을 닫은 약방을 어떻게 되살릴 수 있을까에 고민을 하였고, 이에 사주 상담가가 사주를 봐주고 그 내용을 사주 처방전에 적어주는 '사주 약방'을 기획하면 의미가 있겠다는 좀 과감한 생각을 하기에 이르렀다. 불안의 시대를 살아가는 현대인은 자신의 미래를 점칠 수 있는 타로, 사주관상 등에 관심이 많다. 그들은 이들이 타로나 사주관상을 통해 얻고자 하는 것을 상처받은 마음이나 불안감 해소에서 찾는 것으로 보았다. 이에 착안하여 가게 이름을 '사주 약방'으로 짓고 찾아오는 관광객의 마음을 위로해주고 달래주며 또 건강한 삶의 대안을 처방해주

는 일종의 치유약방을 생각했다. 약방의 외관을 그대로 살리면서 건물을 잘 활용할 수 있다면 일석이조의 효과일 것으로 보았다.

학생들은 유천극장이 마을 포인트 중 하나라 생각했고, 이를 살리기 위해 7080 영화를 재상영하는 프로젝트를 기획했다. 현재 영화관은 외부의 모습만 복원되었을 뿐 실제 영화를 상영할 수 있는 공간으로 구실을 할 수 없다. 이를 감안하여 유천역 근처 공터에 큰 스크린을 설치하여 야외에서 상영하는 야외영화제를 기획하기로 제안하였다. 매주 토요일, 돗자리 하나만 있으면 어디든 앉아서 영화를 감상할 수 있고, 그 시절을 추억하며 여러 세대가 서로 소통할 수 있는 창구 역할을 다할 수 있다고 보았다.

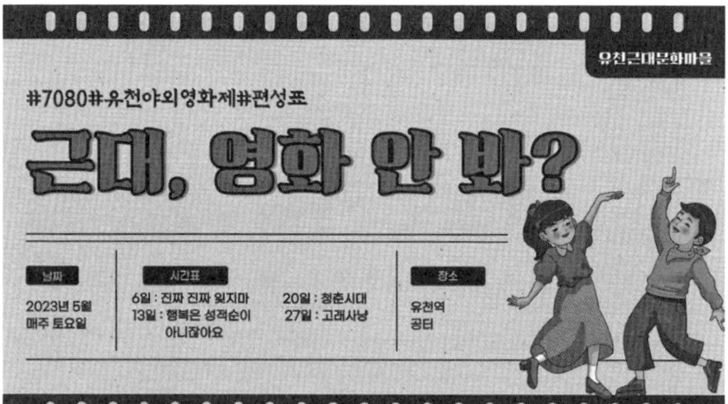

이렇듯 청도 2팀은 유천문화마을에 레트로로 감성의 옷을 입힘으로써 다음 3가지의 기대효과를 낼 수 있을 것으로 보았다.

첫째, 학생들은 마을을 드라마 촬영지로 활용할 수 있다면 마을활성화에 큰 도움이 될 것으로 바라보았다. 드라마 촬영지가 되어 특정 마을이 유명세를 타는 경우가 있지만, 거꾸로 입소문을 탐으로써 드라마 촬영지로 연결될 수 있을 것이다. 드라마 촬영지라는 타이틀이 달리면 마을이 한층 활성화되며, 이에 바탕하여 마을의 글로벌화도 진전될 수 있을 것이다.

둘째, 레트로 감성을 통해 관광객 유치에 효과를 줄 수 있다고 보았다. 대형 매스미디어에 노출되어 많은 관광객이 찾아오는 것과 달리, 입소문과 SNS 흐름을 자주 탐으로써 관광명소로 발전할 수 있을 것이다. 이렇게 지속적으로 관광객이 유입되면 마을 이미지도 좋아질 것이며, 이는 곧 국내 관광명소뿐 아니라 외국인 관광객 유치에 큰 영향을 줄 것이며, 더 나아가 이 마을의 글로벌화도 자연스레 기대할 수 있을 것이다.

셋째, 레트로화를 통해 인근 지역과 연계를 시도한다면 이 마을의 역사문화관광밸트 조성에 도움이 될 것이다. 유천문화마을 주변에는 청도읍성, 신도마을, 레일바이크 등의 다양한 관광지가 잘 조성되어 있다. 이 점을 잘 활용하여 여러 장소를 관광밸트로 연계한다면 관광사업 진행에 큰 도움이 될 것이라고 보았다. 특히 한국의 대표적 자랑거리인 새마을운동 발상지인 청도 신도마을과의 연계를 시도한다면 한국의 근대모습을 잘 보여줄 수 있는 관광명소로 부각할 수 있을 것이라고 보았다.

청도 유천문화마을을 탐방하며 한학기 동안 이 마을에 폭 빠져들었다. 비로소 한국 마을의 매력을 몸과 체험으로 느낄 수 있는 것 같았다. 현장답사를 통한 수업을 통해 우리는 농촌 마을에 대해 몸과 경험으로 알아가며 느낄 수 있었다. 대학은 청년층과 농촌 마을 간의 연결고리를 푸는 실마리를 제공해 줄 수 있어야 함에 대해서도 깨우칠 수 있었다. 그런 연결고리의 핵심에 바로 우리가 경험했던 마을 현장 학습이 자리잡아야 한다는 사실에 대해서도 알 수 있었다. 현장 학습에 참여했던 학생들의 느낌을 잠시 들어보도록 한다.

"프로젝트를 진행했던 유천문화마을은 근대의 시대적 배경이었기에 나는 정겨운 감정에 빠질 수 있었다. 하지만 낙후되어 소멸위기에 처해 있다는 사실이 안타까웠다. 단지 과제를 수행하기 위해서가 아닌 나의 일처럼 공들여 프로젝트를 구상했다는 점에서, 앞서 언급한 위기를 극복해나가기 위한 프로젝트를 우리가 직접 구상한다는 점에서 나는 성취감을 느낄 수 있었고, 이어 지금까지 갖지 않았던 관심이 계속 생기게 되었다. 다시 말해 이번 과제는 정이 가는 프로젝트였고, 앞으로의 마을변화 모습이 더 기대되기도 한다."

사회학과 학부생 전○○

"캡스톤디자인을 통해서 직접 현장을 찾아가서 보고, 그 시대의 역사와 흐름을 보고 느끼면서 현장 교육의 필요성을 절실하게 느낄 수 있었다. 시간을 내야 하는 번거로움도 있었지만 교내(강의실)를 떠나서 농촌 마을을 직접 느끼고 바라볼 수 있었으며, 심지어 계절의 변화가 주는 아름다움도 볼 수 있었다. 도시생활에 익숙했던 나에게 새로운 경험이었고, 또 좋은 논문거리로도 의미가 컸다. 현장에서 듣고, 보고, 사진으로 담으면서 그 시절의 노력과 변화에 대해 충분히 생각할 수 있었으며, 무엇보다 4차 산업혁명의 시대를 살아가면서 잊혀진 과거를 찾고 보존하며 발굴하여 그 의미를 외부에 알리는 기회를 가져야겠다는 생각을 했고, 더 나아가 마을의 의미를 더욱더 많이 찾아내어 많은 사람들에게 더 큰 울림을 갖도록 유도해야겠다는 생각이 들었다."

사회학과 대학원생 이○○

♠ 청도팀3: 청도읍성 홍보와 K-Culture

청도3팀은 청도읍성을 소재로 지역문화 의미를 활성화하려 하였으며, 이를 통해 한국문화의 의미를 국내를 넘어 해외에까지 알리려 시도하였다. 학생들은 청도읍성을 포함한 청도향교, 석빙고 등에 얽혀 있는 지역문화의 의미를 현대적 의미로 재조명하려 했고, 이를 해외에 손쉽게 홍보할 수 있는 효과적인 방안을 제안하려 했다.

먼저, 학생들은 청도읍성을 한눈에 담을 수 있는 리플릿 제작에 관심을 기울였다. 청도읍성이 한눈에 쏙 들어올 수 있는 리플릿이 필요한 것으로 보았고, 그들은 읍성을 중심으로 한 드라이브 코스를 리플릿에 담아내려 하였다. 리플릿에 담긴 코스로는 청도읍성=〉 청도향교=〉 군파크루지테마파크=〉 군자정=〉 청도프로방스=〉 와인터널로 정했고, 이를 한 페이지로 일목요연하게 파악할 수 있도록 하였다. 청도를 찾는 누구에게나 지역 관광 자원을 쉽게 접할 수 있도록 하였다.

이어, 그들은 청도의 유명 관광지를 대상으로 홍보영상을 제작하였다. 리플릿에 담은 드라이브 코스를 짧은 릴스영상으로 제작하였고, 이를 SNS에 업로드하였다. 이렇게 함으로써 국내는 물론 해외관광객들에게 청도 관광의 매력에 빠지도록 하였다.

덧붙여, 그들은 청도읍성 관련 몇몇 스토리를 홍보아이템으로 만들었고, 이를 필름 카메라 케이스 형태로 담아내려 했다. 학생들은 특별히 감성적 시선을 끌기 위해 레트로 풍을 살린 아날로그 필름 카메라를 만들기로 하였다. 그들은 카메라 안에 청도읍성을 포함한 다양한 지역정보를 담아낼 수 있도록 하였고, 이를 통해 영상 형태로 관람할 수 있도록 했다. 특히 해외에서 온 관광객을 타깃으로 하여 필름 카메라 구입을 유도하는 데 관심을 기울였다. 직접 청도를 가지 않더라도 필름 카메라를 통해 지역명소의 곳곳을 접할 수 있도록 기획하였다.

마지막으로, 그들은 대학원 소속의 유학생을 통해 각자의 모국어로 SNS에 청도지역 홍보하는 데도 관심을 기울였다. 유학생들이 청도읍성을 포함한 지역의 관광명소 관련 정보를 제공하여 주기적으로 업로드하도록 하였다. 이런 노력을 통해 학생들은 자연스레 K-Culture를 확산하는 데도 노력하였다. 그들이 수행했던 활동내용의 구체적 모습은 다음과 같이 구체화되었다.

홍보 리플릿 제작

청도3팀은 청도읍성을 비롯한 청도지역 전체를 대상으로 인스타그램 계정을 개설하였다. 이 계정을 통해 그들은 한국어, 영어, 중국어 3개 언어로 게시글을 업로드하였으며, 동시에 자신들이 촬영한 홍보사진까지 체계적으로 올렸다. 이런 노력을 통해 그들은 국내인은 물론이며 외국인들에게까지 큰 돈 들이지 않고 청도를 알릴 수 있는 매체를 확보하려 했다. 무엇보다 그들은 청년의 장점인 인스타그램을 활용하고자 하였고, 이에 의해 세계인에게 가장 손쉽게 다가설 수 있는 홍보통로를 구축하려 했다.

이어 그들은 청도관광을 위한 여행 리플릿을 제작하였다. 이런 리플릿 제작을 통해 청도지역의 명소에 손쉽게 닿을 수 있도록 하였다. 리플릿 한 면은 청도읍성 중심으로 지역명소를 알리도록 기획했고 거기에 지역에서 개최되는 축제 관련의 설명을 덧붙이도록 하였고, 다른 면은 당일 드라이브 코스를 간단명료하게 표현하면서 여기에 더해 인스타그램 계정을 QR코드로 첨부하여 간편하면서도 극적으로 관광명소를 알리려 했다.

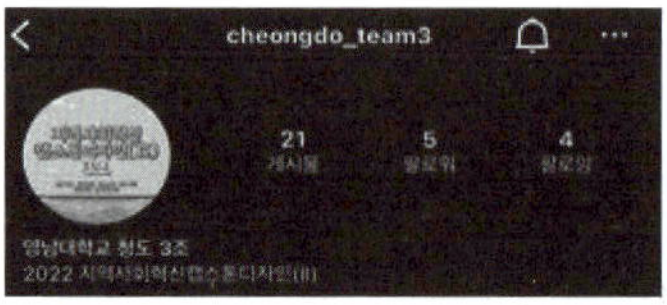

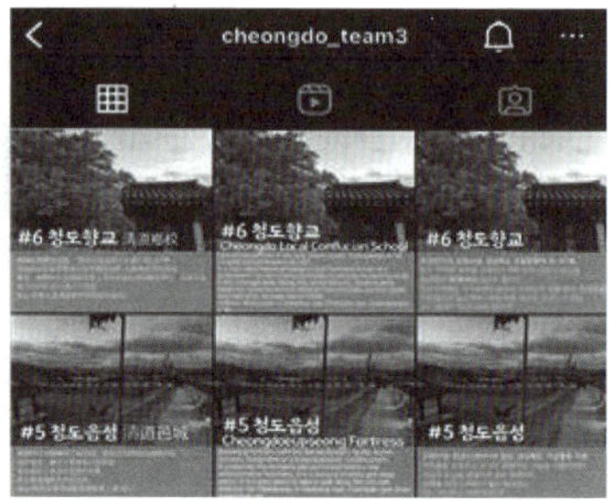

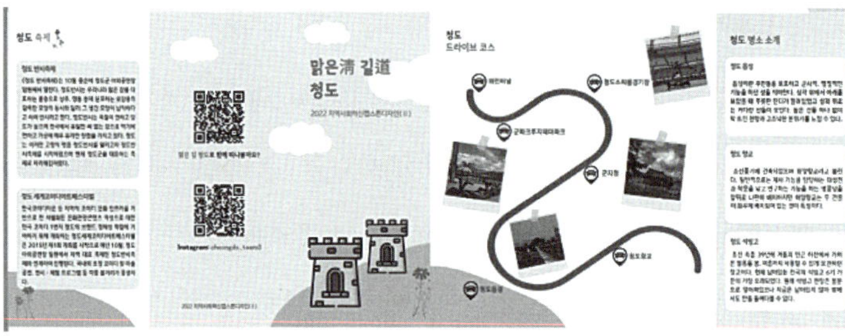

청도 관광지 홍보영상 제작

청도3팀은 지역 관광지의 직접 답사를 통해 얻은 자료를 활용해 '하나의 드라이브 코스'를 주제로 한 영상을 제작할 수 있었다. 이런 영상촬영을 통해 시청하는 이들에게 지역문화 관련의 흥미를 유발할 수 있도록 하였고, 이를 신나는 음악을 곁들이며 전달하여 누구나가 '매력청도' 지역을 감상하도록 하였다. 특히 젊은층이 좋아할 수 있는 시각적 영상자료를 개발 · 활용하였으며, 또 이를 글로벌 영역으로 알리는 데도 관심을 두었다. 이렇게 촬영 · 제작한 영상을 유튜브 채널에 연결하도록 함으로써 청도지역의 글로벌화와 K-Culture의 확산에도 노력하였다.

필름 카메라 케이스 제작

청도3팀 학생들은 청도관광 특화를 위해 청도특화형의 필름 카메라를 제작하였다. 그들은 카메라 제작을 위해 몇 차례 현장을 답사하였으며, 이때 찍은 사진을 사용하여 홍보효과를 극대화할 수 있도록 특별한 굿즈를 제작하였다. 그들은 청도읍성 배경의 멋진 야경을 사진으로 담아냈고, 이 야경사진을 활용하여 '매력청도'를 극적으로 알리려 하였다. 이때 촬영한 멋진 장면을 활용해 카메라 케이스의 내용을 가득 채워 추억을 간직할 수 있는 기념품이 되도록 제작하였다. 이를 통해 청도를 넘어 한국 문화를 세계에 알리도록 기획하였다.

〈청도 읍성 필름 카메라〉

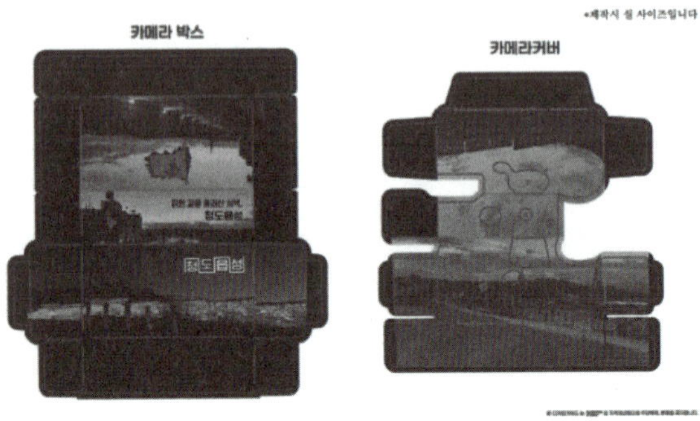

5. 청년이 본 농촌 관광 활성화 방안

청도 섶마리는 선암서원과 운암고택 등의 전통적 문화자산과 신지생태공원, 민도병 갤러리 등 현대적 자산을 두루 갖춘 문화마을로서의 의미를 띤다. 사회학과 학부소속의 동아리인 '산정'팀은 섶마리 마을에 있는 여러 다양한 문화자산을 잘 활용할 수 있다면 이 지역이 핫스팟으로 떠오를 여지가 충분한 것으로 보았다. 산정멤버를 비롯한 사회학과 학부생들이 제안하는 섶마리 관광활성화 방안에 관해 들어보도록 한다.

마을호텔을 조성하자

학생들은 마을호텔 조성을 통해 노후하거나 쇠락한 주거지역을 호텔화하여 지역에 활기를 불어넣고 인구를 유입할 수 있는 것으로 보았다.

특히 마을호텔화를 시도할 때 흩어져 있어 큰 기능을 할 수 없었던 기존 마을 여건을 숙박공간, 취식공간, 놀이공간 등의 기능으로 모을 수 있으며, 이에 의해 마을의 집적효과를 낼 수 있도록 할 수 있다. 빈집을 활용하여 체크인 시설을 만들고, 빈집들과 기존 숙박시설을 이용하여 기존의 음식점들을 연계할 수 있도록 지역 여건을 만드는 것에서 변화를 시도할 수 있다고 보았다. 엘리베이터로 여러 층을 돌아다니는 것이 아니라 도로 초입 건물에서 체크인하고 근처 집에 짐을 풀어 숙박을 하며 또 건너편의 집에서 식사하고 인근의 주변 관광지를 돌아볼 수 있도록 하는 구조로 보면 될 것이다. 다시 말해, 기존의 수직 공간으로 된 호텔을 수평 공간을 활용한 호텔로 탈바꿈시키는 것을 말한다.

마을호텔화를 통해 마을에 상존해 있던 자원들을 관리, 리모델링 및 환경 정비하여 운영하는 것이기에 관리에 어려움이 있는 빈집활용에 도움을 줄 것이며, 동시에 텅텅 비어가는 마을에 외부 관광객을 유치하는데도 효율적인 것으로 볼 수 있다. 이런 조건이 성립될 때 빈둥지화에 빠진 농촌 마을에 활력을 불어넣을 수 있고, 또 마을 홍보로 이어질 수 있도록 하여 '찾아오는' 마을 만들기에도 일정한 효과를 기대할 수 있을 것이다.

마을호텔을 활용할 때 투숙객들은 자연스럽게 밖으로 나와 마을을 돌아다닐 것이며, 이런 과정에서 외부인과 마을 주민 간에 교류와 접촉이 일어날 것이다. 이런 상호교류 과정에서 관광객과 선주민은 서로의 생각을 나눌 수 있고, 특히 관광객은 농촌 마을문화의 의미를 온몸으로 체험할 수 있을 것이며, 이는 농촌 마을 매력 찾기에도 의미 있는 영향을 끼칠 수 있을 것이다.

하나의 성공 사례로 '정선의 마을호텔 18번가'를 들 수 있다. 자세히 살펴보면, 정선군 고한읍 고한18리에서 이루어진 것으로서 폐광이 된 이후 기존의 강원랜드로는 활성화를 이룰 수 없다고 보고, 마을 주민들이 주체가 되어 지역경제를 되살리고자 하는 의도에서 마을호텔사업을 추진하였다. 2017년 마을을 떠나는 인구가 급격히 늘어났고 이에 빈집들이 늘어나기 시작하였다. 마을이 처한 이런 상황에서 주민들은 2018년에 18번가 마을 만들기 위원회를 출범시킬 수 있었으며, 이에 주민들은 재료비를 직접 모아 노후주택 20여 채와 빈집 10여 채를 사들여 리모델링하였고, 2020년 5월 드디어 마을호텔을 개장할 수 있었다. 기존에 있던 카페 수작에 커피, 음료, 공예, 호텔 조식 등을 제공하도록 하였고 골목 정원을 조성하여 마을호텔 테라스로 이용하도록 하였으며, 그리고 세미나가 가능한 회의실과 공방 기능을 덧붙일 수 있었다.

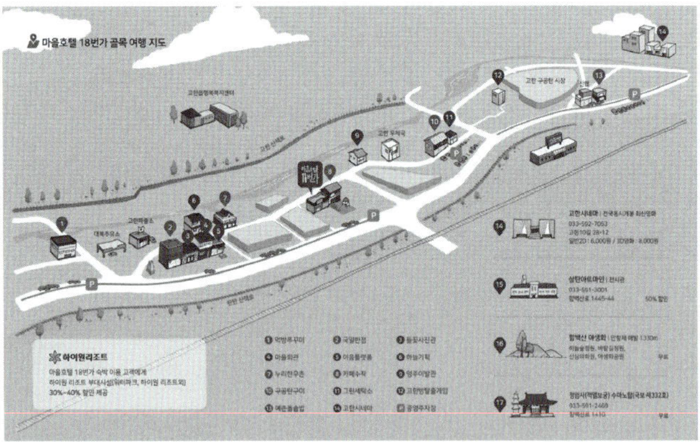

〈마을호텔 18번가 골목 여행 지도, 출처: 마을호텔 18번가 공식 홈페이지〉

위의 그림은 마을호텔 18번가 홈페이지에서 제공하고 있는 골목 여행 지도이다. 이는 마을호텔 내에 있는 부대시설을 정리하여 나타낸 지도이다. 세탁, 드라이를 할 수 있는 그린세탁소부터 이발, 면도가 가능한 영주이발관까지 마을의 골목들을 돌아다니며 여행할 수 있도록 안내하고 있다.

〈고한 나들길 마을 즐기기 지도, 출처: 마을호텔 18번가 공식 홈페이지〉

위의 그림은 고한 마을의 명소를 보여주는데 마을호텔, 골목정원, 문화의 거리가 포함된 18번가 나들길, 13리 갤러리 마을, 빛의 정원 산책로, 정암사 등이 소개되어 있다. 정선의 마을호텔 18번가는 공식 홈페이지를 통해 객실 예약이 가능하며, 홈페이지에는 호텔 안내와 마을 안내, 18번가 등의 성장 스토리 등이 담겨 있다.

이 외에도 공주시 봉황동의 마을호텔, 연천군 청산면 백의리의 마을호텔 등 다양한 마을호텔 사업이 착수되어 진행되고 있다. 마을호텔은 도시재생의 한 방법으로 볼 수 있다. 섶마리 마을의 경우에도 기존 각종 문화자원을 활용하여 마을호텔 건립을 시도할 수 있을 것이다. 섶마리는 천혜의 자연환경을 갖추고 있으며, 무엇보다 여러 고택들과 서원 등의 좋은 문화자원이 있다. 그리고 인근의 운문사와 운문댐, 유천마을과 신도마을 등을 연계함으로써 관광에 유리한 조건을 갖춘 곳으로 볼 수 있다. 이상에서 보았듯이, 섶마리는 마을호텔을 건립할 수 있는 좋은 물적 조건을 갖추고 있으며, 이의 활용을 통한 '찾아오는' 마을 만들기에 한발 가깝게 다가설 수 있다. 다만, 마을 주민들과 지역활동가의 유기적 협동이 전제될 때 가능한 일일 것이다.

닥종이 윤회고리를 되살리자

현재 섶마리 마을에는 섶마리 닥종이 문화원이 있다. 섶마리 닥종이 문화원을 이용하여 토속 지식에 입거한 닥종이를 만들고 닥종이를 만드는 방법과 닥종이 관련 전통 지식을 현대화할 수 있도록 한다. 닥종이 활성화를 위해 구체적 3가지 방안을 제시하고자 한다.

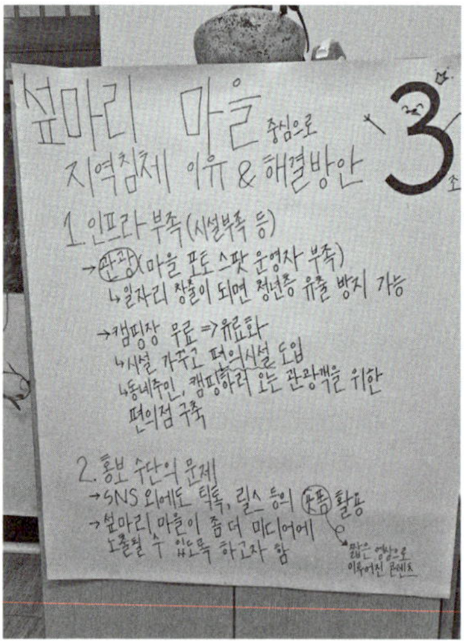

첫 번째는 닥나무를 심는

것부터 닥종이를 제작하는 것까지 모든 과정을 상품화하는 것이다. 두 번째는 닥종이 기술 전수를 위해 닥나무를 심고 채취하고 제지하는 방법까지 체계적으로 가르치면서 기술을 전달하고 직업으로 삼도록 하는 과정을 전개하는 것이다. 이를 통해 전통문화 관련 일자리 창출에 기여할 수 있으며, 동시에 마을활성화에도 도움을 제공할 수 있을 것이다. 세 번째는 닥종이 제작 체험 프로그램을 만들어 일반화하는 것이다. 이는 닥종이를 직업으로 삼는 일련의 과정을 전문적으로 교수하는 것이 아닌 닥종이 관련 단순 일일 체험활동을 하도록 하는 것을 말한다. 문화원에서 제작한 닥종이를 이용하여 닥종이 인형 만들기, 그림 그리기 등의 공예체험을 가능케 하며, 이를 통해 일반 종이에 비교될 수 없을 정도로 닥종이의 질이 우수하다는 것을 홍보함과 동시에 닥종이를 통한 한국전통문화의 의미를 재조명하는 것을 가리킨다. 이런 조건이 충족되면 자연스레 마을활성화가 가능할 것으로 보기 때문이다.

포토 스팟을 선정하자

이 프로그램은 마을 내 명소를 찾아 포토 스팟을 만드는 것이다. 마을 내의 명소인 선호슈퍼 앞, 신지태 공원 곰방대 앞, 용두소 전망대 등의 숨은 곳을 찾아 포토 스팟으로 활용하는 것을 말한다. 이 외에도 마을호텔을 건립하여, 마을 구석구석을 포토 스팟으로 만들어 이용할 수도 있다. 포토 스팟을 만듦으로써 방문객들에게 마을을 홍보하는 효과뿐만 아니라 SNS 등을 통해 청년의 호기심을 자극할 수 있도록 시도한다. 이런 호기심을 이끌어낼 수 있다면 마을을 찾는 방문객들이 많아질 것이며, 이는 마을 관련 인식을 개선하여 농촌인구 유입으로까지도 가능케 할 수 있을 것이다.

빈집활용 재생 프로젝트 가동

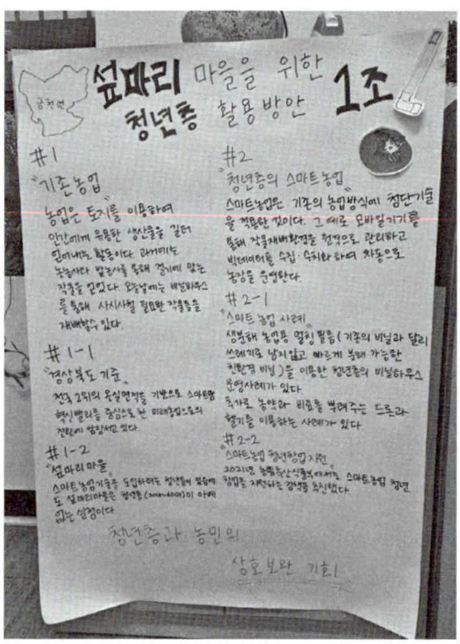

청도 섶마리 마을 몇 곳에 있는 빈집 활용을 통한 숙박 플랫폼을 조성하는 것이다. '청도 지역 빈집 재생을 통한 관광숙박 활성화'라는 주제로 관련 논의를 좀 더 심층적으로 진행한다면 마을활력 증진에 도움을 줄 것이라고 판단한다. 빈집 활용의 예로 2022년 국토교통부에서 진행한 빈집활용아이디어 공모전을 들 수 있다. 김천시는 시의 어느 마을에 위치한 오래된 빈집 상태인 단층 목조주택을 활용해 지역주민 문화센터로 리모델링하기로 하였다. 이 주택은 6 · 25 이후 마을에 방치된 상태로 있어 오랫동안 빈집 상태로 있었다. 이런 빈집을 활용해 사람들이 상시로 드나들 수 있는 지역문화센터로 개조하였으며, 이를 통해 지역활력을 도모할 수 있도록 힘썼다.

현재 섶마리에는 마을 주민을 위한 쉼터나 문화센터를 잘 찾을 수 없다. 이런 상태에서 빈집을 활용한 재생프로젝트를 시행한다면 마을경관을 잘 꾸미는 것은 물론이며 마을 단위 공동체 강화에도 도움을 제공할 수 있을 것이다. 그리고 이런 조건을 갖춘다면 자연스레 청년 유입률도 높아질 것이다. 또한 섶마리 마을에 거주하는 청년층을 대상으로 농촌 거주 의도를 높일 수 있으면서 그들 중의 일부를 귀농, 귀촌으로 유도할 수 있을 것이다. 농촌 마을에서 청년층이 쉽게 살아갈 수 있는 공공 임대주택을 마련하여 주거문제를 해결해 줄 경우 그들의 농촌 유입에도 긍정적 영향을 불어넣을 수 있을 것이다. 이는 농촌 마을에 새로운 활력을 불어넣는 것과도 관련이 클 것이다.

과거 농촌에 거주한 경험이 있거나 혹은 농촌 관련의 미디어에 자주 접할수록 농촌 거주율이 높아진다는 말이 있었다. 정부에서도 청년들 대상으로 농촌친화형의 다양한 교육 프로그램을 개발하여 보급할 수 있어야 하며, 그들 대상으로 공동체를 둘러싼 경험치를 높일 수 있으면서 동시에 농촌 거주 가능성을 높이려는 노력을 해야 할 것이다. 청년들의 농촌거주에 대한 막연한 불안감이 클 수 있을 것이기 때문이다.

마을과 연계한 '청년조합'을 만들자

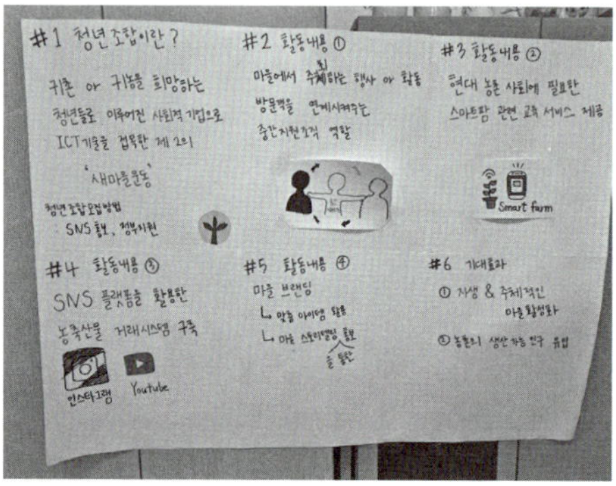

'청년조합'이란 귀촌 또는 귀농을 희망하는 청년들이 어우러져 그들끼리 만든 사회적 기업을 말한다. 이런 청년조합과 섶마리와의 연계를 시도함으로써 찾아오는 청년 마을을 조성할 수 있을 것이다. 특히 청년의 장점인 ICT기술을 농업 영역과 접목함으로써 제2의 새마을 운동을 점화할 수 있는 토대를 만들 수 있을 것이다. 청년조합은 마을에서 주최하는 행사 또는 활동에 적극적으로 참여하여 마을활성화의 역할을 수행할 수 있다. 예컨대, 방문객을 연계시켜주는 중간지원조직 역할을 할 수 있으며, 또 각종 마을 행사에 괜찮은 아이디어를 제공할 수 있고 나아가 각종 행사를 기획할 때 일정한 역할을 함으로써 기존 행사와의 차별성을 낼 수 있을 것이며, 무엇보다도 청년에게 매력적인 마을 만들기에 좀 더 가깝게 다가설 수 있을 것이다.

청년조합 구축은 SNS 플랫폼을 활용하도록 함으로써 농축산물 거래시스템을 조성하는 데도 도움을 줄 수 있다. 인스타그램이나 유튜브를 통해 농축산물을 소개하여 직거래를 유도할 수 있다면 마을의 경제력 향상으로 이어질 수 있을 것이다. 아울러, 청년조합은 마을의 역사와 그런 역사에 숨겨져 있는 이야기를 발굴함으로써 마을 역사를 스토리텔링화하여 맞춤형의 마을 브랜딩 작업에도 일정한 기여를 할 수 있다. 점점 디지털화되어 가는 젊은층과 기존의 마을이 만난다면 한층 개성있는 마을 만들기에 다가설 수 있으며, 이는 농촌의 생산 가능 인구를 유입하는 데도 큰 역할을 할 것이다.

'청도 베네치아' 조성

섶마리가 가지고 있는 토착자원을 활용하여 '청도 베네치아'를 조성할 수 있다면 마을 활성화에 크게 기여할 수 있을 것이다. 먼저, 마을 농가의 빈터를 활용한 '주말 농장'을 계획할 수 있다. 마을의 농가와 협의하여 ①나만의 감나무 선정 ②감따기 데일리 농장 체험 ③감말랭이 만들기 체험 등 4계절 내내 체험이 가능한 프로그램을 진행할 수 있다. 이는 농가 수익뿐만 아니라 마을 홍보에도 큰 도움이 될 것이다. 둘째, 섶마닥종이문화원과 선암서원을 연계한 전통문화체험 프로그램을 실시할 수 있다. 닥종이문화원은 한지를 이용한 다양한 체험을 할 수 있고, 선암서원

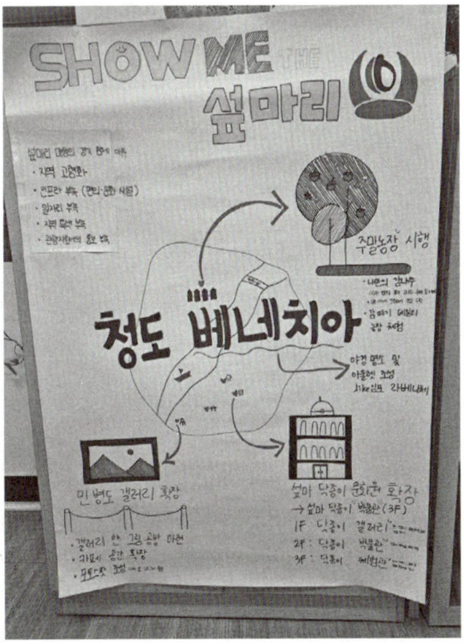

은 섶마리 정체성의 뿌리를 교육할 수 있다. 이런 두 기관을 연계한 전통문화체험(가령 한국 전통한지에 민화 그리기, 붓글씨 쓰기, 마음 수양하기 등)을 운영한다면 섶마리만의 개성을 잘 드러낼 수 있을 것이다.

셋째, 마을 소재의 민○○ 갤러리를 적극 활용할 수 있다. 민○○ 작가는 섶마리를 '예술촌'으로 만들고 싶어한다. 여기에 힘입어 북 콘서트 형식으로 시조를 낭송하고 이에 어울리는 음악을 기타나 국악기 등의 다양한 연주에 곁들여 들려주면서 '시조 버스킹'을 진행할 수 있다. 우리나라 전통 문학 장르인 시조를 알리고 그 의의를 높이는 데도 기여할 수 있기 때문이다. 이렇듯 섶마리의 중심자원인 농업 · 전통 · 예술 세 영역의 지지대를 중심으로 삼각대를 이루도록 하여 하나의 안정된 연결고리를 형성한다면 섶마리만의 개성을 확실히 외부에 드러낼 수 있으며, 이는 활기찬 마을만들기에 의미 있는 효과를 줄 수 있을 것이다.

청년과 농촌 그리고 섶마리

금천 섶마리는 운강고택과 선암서원 등 전통문화가 살아 숨쉬는 곳이다. 또한 신지생태공원을 비롯한 동창천 배경으로 주변 자연환경이 아름다운 곳이어서 다시 찾고 싶은 매력적인 농촌 마을이다. 섶마닥종이문화원, 민병도 갤러리 등 예술의 정취를 느낄 수 있는 문화공간까지 겸비하고 있어 관광자원으로서도 가치가 높은 곳이기도 하다. 선암서원을 중심으로 농촌 체험 휴양 마을을 만들 수 있다면 섶마리는 정체된 현재의 모습에서 벗어나 찾아오는 문화마을로 탈바꿈할 가능성이 큰 것으로 볼 수 있다. 빈집을 이용하여 문화센터나 마을 쉼터를 조성하고 마을 주민과 청년들이 함께 전통과 예술축제, 그리고 자연환경을 활용한 다양한 프로그램을 운영한다면 새로운 활력을 좀 더 쉽게 창출할 잠재력을 갖고 있는 것으로 볼 수 있다. 무엇보다도 이주민과 함께 조화로운 삶을 영위할 수 있는 글로벌 빌리지 환경을 만들 수 있다면 마을활성화에 한 축을 그을 수 있을 것이다.

도농 간의 심각한 불균형으로 인한 농업의 위기와 농촌사회 붕괴가 가속화되는 현실에서 청년층의 농촌유입은 농촌을 살리는 유일한 희망일 것이다. 청년층 유입을 통해 섶마리의 전통적 가치와 현대적 가치를 활용할 수 있는 다양한 정책을 기획할 필요가 있을 것이다. 특히 대학은 청년층과 농촌을 연계시킬 수 있는 다양한 가교 역할을 수행할 수 있어야 한다. 이런 역할을 수행할 수 없다면 지역대학으로써의 고유 역할을 포기하는 것에 다름 없을 것이다. 이 지점에서 대학의 사회적 역할이 어떠해야 할 것이며, 무엇보다도 지역대학으로서의 사회적 기능과 역할을 어떻게 정립해야 할 것인지에 대하여 많은 사회적 논의가 필요할 것이다.

제6장
유학생 시선으로 본 한국 농촌 마을

1. 유학생 농촌 마을 매력에 빠지다

영남대 대학원 사회학과에는 석 · 박사 과정을 밟고 있는 외국 출신 유학생 40여 명이 공부하고 있다. 이들은 중국, 베트남, 방글라데시, 우간다, 짐바브웨 등 다양한 나라에서 왔다. 한국에서 학위를 취득한 뒤 본국으로 돌아가 교수, 공무원, 회사원 등을 꿈꾸며 타국 생활 환경에 적응하고 있다. 유학생들의 생활 조건은 비슷한 점이 있다. 대부분의 대학들이 도시나 도시 인근에 위치하고 있어 이들도 대학 주변의 도시나 준도시 지역에서 같은 국가 출신들끼리 모여 살아가는 경향이 있다. 도시에서의 삶은 경제적 기반을 갖추지 않은 우리 청년들도 적응이 쉽지 않다. 그런데 하물며 외국 유학생들의 경우 한국 도시적 삶에 적응하는 것이 만만찮을 것이다. 어렵사리 한국 생활에 적응한 유학생 중 몇몇은 한국에 영구 정착해 살아가기를 희망하고 있다. 이들이 정착하기 위해서는 해결해야 할 선행과제들이 존재한다. 예를 들자면, 유학생 신분인 이들에게는 장기체류 비자 문제, 주거 문제, 일자리 등을 둘러싼 현실적인 어려움이다.

요즘 한국사회의 최대 현안은 인구소멸에 따른 지방 붕괴론에서 찾을 수 있다. 말로만 지방소멸과 지방붕괴를 이야기할 것이 아니라 유학생들에 비친 한국사회 적응 관련 경험담에 귀기울일 필요가 있을 것이다. 한국 젊은이들이 외면하는 농촌 마을을 유학생들이 살만한 곳으로 관심을 유도할 수 있다면 농촌 마을의 희망을 찾을 수 있을 것이다. 다시 말해, 한국 정착을 희망하는 유학생을 대상으로 인구절벽에 당면한 농촌 마을에 정착 가능한 현실적 방안을 생각해 볼 필요가 있다. 다양한 국적의 유학생들이 마을의 선주민들과 함께 어울려 생활하는 일종의 '글로벌 빌리지 만들기'를 시도할 수 있을 것이다.

이런 문제의식에서 영남대 다문화교육연구원에서는 유학생을 대상으로 경북 청도군 금천면 소재의 한 농촌 마을에서 농사짓기를 비롯해 농촌 마을 답사로 구성된 농촌 체험 프로그램을 기획하였다. 농촌 체험활동을 통해 한국 농촌의 실상이 그들에게 어떤 모습으로 비칠 수 있는지에 대해 유학생의 입장에서 알아보기로 했다. 유학생들의 눈에 비친 한국 농촌 마을의 매력은 어떤 것이 있으며, 그리고 한국 농촌 마을 정착으로 이어가기 위해 어떤 식으로 다가가야 할지를 살펴보기로 하였다.

먼저 우리가 기획한 프로그램은 '외국유학생 농사짓기 체험활동'이었다. 이 활동은 유학생들의 농촌문화 체험에 덧붙여 당시 코로나 팬더믹으로 일손이 부족한 현지 농가의 어려움을 덜어보려는 의도에서 기획하였다. 동시에 이 프로그램을 통해 일손 부족에 당면한 농촌 여건에서 유학생 봉사활동이 이루어진다면, 선주민의 외국인을 바라보는 인식에 어떤 의미를 던질 수 있을지에 대해서도 타진하려 하였다. 유학생 농사짓기 활동 프로그램은 농번기인 2022년 5월과 10월의 두 차례로 나누어 진행되었다.

첫 번째 유학생 농사짓기 체험활동은 5월 26일 목요일 하루

동안 이루어졌다. 중국, 방글라데시, 우간다, 짐바브웨, 카메룬, 나이지리아, 인도 등 7개국 출신의 유학생 16명이 두 팀으로 나뉘어 청도군 금천면 일대 복숭아 재배 농가와 땅콩 재배 농가에서 체험활동을 하였다. 체험활동의 시간은 오전 9시부터 오후 5시까지였다. 이날은 햇볕이 한여름의 땡볕과 같이 따가웠다.

우선, 땅콩 모종 심기에 유학생 총 12명이 참가하였다. 약 4600㎡의 너른 땅콩밭이 밭갈이를 다 마친 상태로 준비되어 초보 농부를 기다리고 있었다. 농장주는 땅콩 모종 심는 방법을 유학생들에게 천천히 시범을 보이며 설명하였다. 2인 1조로, 기구를 든 사람이 모종 심기 도구를 땅에 꽂아 입구를 벌려주면 모종판을 맨 다른 한 사람이 도구 안에 땅콩 모종을 하나씩 넣어주면 되는 방식이었다. 힘이 좋은 남학생 두 명은 땅콩 모종판을 특수처리된 물에 담갔다가 건져 모종판을 밭고랑입구에 가져다 놓는 일을 맡았다.

유학생들 대부분이 농사짓는 일을 해본 적이 없어 처음에는 모든 것이 신기하고, 도구를 이용하여 모종을 꼽아 놓는 것을 놀이처럼 생각하는 것 같았다. 단순해보이는 농사일 같지만, 물에 적신 모종판이 생각보다 무거웠고, 모종 심기 도구도 손에 힘을 주어 입구를 벌렸다 좁혔다 해야 해서 꽤나 힘이 드는 일이었다. 더군다나 그늘 한 점 없는 땡볕 아래에서 작업을 한다는 것은 실내생활에 익숙한 학생들에겐 매우 힘든 일이었을 것이다. 사전에 일하기 편한 옷을 입고 자외선 차단을 빈틈없이 해달라는 당부를 했지만, 농사일에 대한 개념이 없었던 몇몇 유학생들은 반팔에 반바지 차림으로 작업장에 나타났다. 이들을 위해 농장주가 모자와 토시 등을 제공해 주어 큰 문제 없이 진행되었다.

유학생들은 오전에 3시간 동안의 작업을 마치고, 농가에서 제공해 준 점심을 먹은 후 잠시 휴식을 취하였다. 휴식 시간에 삼삼오오 모여 이야기를 나누기도 하고 낮잠을 자기도 했다. 휴식이 끝난 후 3시간 동안 나머지 작업을 마무리했다. 이들이 심은 땅콩 모종은 모두 10만여 개였다. 공부만 하던 학생들이라 큰 기대를 하지 않았던 농장주는 유학생들의 활약에 고마움을 표하였다. 농장주는 유학생들이 절반만 심어도 만족한다는 생각을 했다고 한다. 그런데 약 1400평을 초보 농부가 땅콩 순으로 가득 채웠으니 놀랄만 했을 것이다. 농장주는 학생들의 작업 중간중간에 쉬면서 하라며, 학생들이 탈이 날까 걱정하는 모습을 보였다. 학생들은 농장주의 따뜻한 마음 씀씀이에서 한국 농촌의 정겨움을 느꼈다고 한다. 그리고 땅콩모종을 심는 도구가 따로 있어 쪼그려 앉지 않고, 서서 모종을 심을 수 있다는 작은 사실에서 한국 농촌의 발전상을 생각해보는 계기가 되었다고도 한다.

농사 체험활동에 참여한 다른 한 팀은 키가 큰 여학생 4명으로 구성된 중국 출신 유학생들이었다. 이들은 복숭아 순 솎아내기에 참여하였다. 복숭아나무에서 순이 자랄 때 불필요한 복숭아 순을 제거해야 상품성이 좋은 복숭아로 자랄 수 있어서 순을 솎아내는 작업이 필수라고 했다. 복숭아 농장에서 유학생을 맞이한 이는 부모님과 함께 농사를 짓고 있는 농장주의 20대 딸인 MZ세대 농부였다. 한국의 MZ세대 농부와 유학생들은 함께 일하며 친밀감을 높일 수 있었다. 한국어에 능통한 중국 유학생들은 또래의 한국 농부와 국경과 민족을 초월해 금방 친구가 되었다. 이후 이들은 따로 만남의 기회를 만들어 연락을 주고받는다고 하였다.

농장주는 딸 같은 유학생들의 입맛을 염려하여 다양한 음식으로 잔칫상 같은 점심을 차려주었다. 이에 유학생들은 마치 친구 집에 방문한 것 같은 한국 농촌의 푸근함을 느꼈다고 했다. 유학생들은 한국 농촌에 자신들 또래의 젊은 여성이 농사를 짓기 위해 고향에 있다는 것에 의문을 가져 몇 가지 질문을 하기도 했다. 한국 농촌에서는 온라인 쇼핑몰이나, SNS를 통해 농산물을 판매할 때 보다 높은 소득을 올릴 수 있으며, 이는 각종 스마트 기기에 익숙한 젊은 사람들에게 유리한 일이라는 설명을 듣고 농촌에서 농사일만 하는 것이 아니라 직접 온라인 쇼핑몰을 운영할 수 있다는 점에 흥미로워 했다.

두 번째로 진행된 활동은 유학생 농촌 일손 돕기와 한국의 전통문화를 체험해 보는 것이었다. 일손 돕기는 청도군 금천면 신지리 일대 농장에서 청도의 특산품인 감따기로 기획되었다. 감따기는 앞서 진행되었던 땅콩 농장에서 유학생들의 활약에 감탄한 농장주의 요청으로 이루어졌다. 한국의 전통문화 체험활동으로는 한국 전통 떡 만들기와 마을 어르신과 한국 전통 놀이인 윷놀이를 함께 기획하였다. 이런 놀이를 통해 상호 간 유대

관계를 높일 수 있었고, 또 한국의 농촌 사회를 둘러싼 문화 이해 증진에 이를 수 있도록 했다. 이번 행사에는 중국, 짐바브웨, 우간다, 카메룬, 베트남 등 각 나라 출신 유학생 13명이 참여했으며, 선주민인 마을 어르신들 15여 명이 자리에 함께했다.

2022년 10월 21일 유학생들은 주홍색 감으로 붉게 물든 금천면 신지리에 위치한 감 농장을 찾았다. 감 농장에는 약 50그루 정도의 감나무가 있었다. 유학생을 반갑게 맞이한 농장주는 감 따기 조와 감꼭지 따기 조로 나누어 할 일을 설명해 주었다. 키가 큰 남학생들은 막대를 이용해 감을 따고, 여학생들은 감꼭지를 따서 상자에 담는 작업에 참여했다. 감을 상자에 담기 위해서는 감꼭지를 짧게 잘라야 했다. 이렇게 해야 감들이 서로 부딪쳐 상처가 나는 것을 방지할 수 있다고 한다. 감꼭지 자르는 조는 또 상품성이 있는 감과 부실하여 감말랭이로 쓸 감, 그리고 버려질 감 등으로 분류하는 작업까지 해야 했다.

유학생들은 오전 9시부터 오후 4시까지 20kg씩 50박스를 채웠다. 거의 1톤 정도의 물량이어서 다시 한번 농장주를 놀라게 했다. 농장주는 봄에 심은 땅콩을 수확하여 유학생들에게 나눠주며 한 번 더 고마움을 표했다. 감 따기 일손 돕기를 마친 후 신지1리 마을회관으로 자리를 옮겨 한국의 전통 떡인 바람떡 만들기 체험활동을 했다. 미리 준비된 쌀가루로 반죽한 덩어리를 밀어서 피를 만든 후 그 속에 달콤한 소를 넣어 반달 모양의 떡을 만들었다. 바람떡에 대한 유학생들의 표현은 국적만큼이나 다양했다. 중국 학생들은 만두와 비슷하다고 하였고, 베트남 학생들은 찹쌀로 만든 빵 'BANH GIAY'와 비슷하다며 자신의 나라 문화와 비교하기도 하였다.

떡만들기 체험 이후 신지1리 마을회관에 마을 어르신들을 초대해 수육과 김치를 곁들여 유학생들과 저녁을 같이하는 행사를 가졌다. 저녁 식사 후 누구나 즐길 수 있는 한국 전통 놀이인 윷놀이를 하였다. 유학생 팀과 마을 어르신 팀으로 나눠 진행하였다. 어르신들은 윷놀이에 자신감을 드러내며 처음에는 여유를 보였다. 유학생들이 윷가락을 처음 잡아보며 어떻게 하는지 몰라 어리둥절해 하는 모습을 보며 친절히 시범을 보이며 알려주기도 하였다. 그러나 유학생 팀이 승리하자 난감해하기도 했다. 유학생과 마을 어르신들은 윷이나 모가 나오면 덩실덩실 춤을 추며 함께 어울렸다. 선주민과 이주민이 함께하는 '공존마을 공동체' 만들기의 한 좋은 사례를 볼 수 있었다. 놀이를 통해 나이와 언어, 국경을 초월한 진정한 글로벌 빌리지에 한 걸음 다가가는 듯하였다.

농촌 일손 돕기로 농촌에서의 주요 산업을 체험하였고, 이어 한국 농촌사회의 주거환경을 살펴봄으로써 한국 농촌의 매력을 발굴하고자 답사 프로그램을 기획하였다. 마을 활동가의 도움을 받아 청도군 금천면 신지리를 중심으로 금천초등학교와 신지생태공원, 선암서원, 시장, 농가 등 마을 구석구석을 걸으며 마을을 느껴보았다. 답사는 10월 11일에 동곡장날에 맞춰 진행하였다. 한국 재래시장의 장날 풍경을 통해 유학생 대상으로 한국 농촌사회의 활력을 체험해 보는 기회를 갖도록 했다.

한국 농촌 마을의 주거 형태, 여가시설, 생활편의시설 등을 직접 보고 한국 농촌의 매력을 맛볼 수 있도록 했다.

이번 마을 답사에는 중국, 베트남, 우간다, 방글라데시, 카메룬, 짐바브웨 등에서 온 다양한 국적의 유학생 23명이 참여하였다. 이들은 신지생태공원의 공중화장실이 깨끗하게 유지되어 있으며, 화장지가 상시 비치되어 있는 것에서도 놀라워했다. 불쑥 방문하였지만, 농가의 주인은 우리 유학생들의 방문을 반겨 맞이해 주었다. 몇 차례 이루어진 활동을 통해 외국인에 대한 거부감이 사라진 듯하였다. 아프리카 출신의 유학생들은 마당에 가지런히 놓인 항아리를 신기한 눈으로 바라보았다. 방글라데시 유학생은 집집이 설치된 가스 시설에 관심을 가졌다. 결혼을 한 유학생들은 금천초등학교 시설에 관심이 많았다. 마을 골목길에 늘어진 홍시를 따 먹으며 홍시 맛에 반했다고 한다. 이번 답사를 통해 유학생들은 한국 농촌의 편리한 주거환경과 편의시설에 호감을 보였으며, 마을 구성원의 대부분이 고령의 노인이라는 사실에 안타까워했다.

세 차례에 걸쳐 진행된 유학생 농촌 체험활동은 이렇게 막을 내렸다. 유학생들은 한국 농촌 생활을 어느 정도 이해했을까? 그들은 한국 농촌 마을을 살만한 곳 내지 정착 가능한 곳으로서의 이미지를 갖게 되었을까? 마을 어르신들은 외국인들을 어느 정도 이해하고 또 호감을 갖게 되었을까? 우리는 중간 매개체로서 역할을 잘했을까? 등을 둘러싼 의문이 남는다. 유학생의 대부분은 초고령화 상황에 있는 한국 농가의 일손을 도울 수 있었다는 데 뿌듯함을 표시했다. 농장주께서도 일손 구하기가 힘들고 바쁜 농사 와중에 도움을 주어 감사하다는 인사를 전해 왔다. 체험 활동 이후 마을 어르신과 유학생이 함께했던 윷놀이 게임에서 함께 웃고 떠들며 유쾌한 시간을 보냈던 것에서 '선주민/이주민 공존공동체'를 엿볼 수 있었다는 점도 인상 깊게 남는다. 특별히 유학생들이 한국 농촌 마을에 정착해 살고 싶다고 하였고, 이에 마을의 젊은 농장주께서 정착의 멘토가 되어 주겠다고 하였으며, 덧붙여 마을 어르신들도 함께 같이 살자며 권유하는 모습이 잊어질 수 없는 기억으로 떠오른다.

농촌 체험활동을 통해 유학생들은 대부분 노년층인 마을 어르신들과 친밀한 교류를 할 수 있었으며, 이런 교류를 넘어 그들은 한국 농촌 사회를 전반적으로 이해할 수 있는 기회를 가질 수 있었다. 체험활동을 마친 유학생 대상으로 소감문을 받아보았다. 유학생들이 작성한 소감문을 보면 사람마다 서로 다른 취향과 개성을 갖고 있어 동일한 체험활동에서도 보고 듣고 느끼는 방식이 다 다르다는 것을 알 수 있다. 하물며 다양한 문화가 얽혀 있는 최근의 사회상을 비추어 볼 때 각양각색의 사람들이 어떻게 조화롭게 살 수 있을지를 둘러싼 고민이 필요한 지점이기도 하다. 만인의 만인에 대한 투쟁이 일상화된 오늘의 시대상황에서 상이한 문화의 수용은 쉽지 않은 과제일 것이다. 다만 이렇게 상이한 세상살이 속에서 우리는 어떤 공유의 영역을 만들어 서로 이해하여 수용할 수 있는 일정한 접점을 만들어낼 수 있느냐에 대해서는 더 많은 고민과 성찰을 할 필요가 있을 것이다.

유학생들 중에는 농촌 풍경을 감성적으로 받아들이는 학생도 있었고, 자신의 나라와의 비교를 통해 한국 농촌을 이해하려는 학생도 있었으며, 그리고 공동체에 관심을 두고 서로 협력하는 모습에 초점을 두었던 학생도 있었다. 그들의 반응을 보면서 사람이란 그 자체로 독특성과 다양성을 갖고 자신만의 감상의 세계를 드러낸다는 사실을 새삼 깨달을 수 있었다. 특히 중국 출신 유학생이 한국 농촌 마을을 관찰하며 느꼈던 바를 잠시 살펴본다.

"한국 농산물 가격이 중국의 농산물 가격보다 높은 이유를 알게 되었다. 그 이유는 노동력 부족이다. 중국은 농촌 인구가 워낙 많아 인건비가 싸고 농산물 가격이 그다지 비싸지 않다."

"한국 농촌에서 일하면 한 달에 4일 정도 쉬면서 해도 매월 390만원 정도의 높은 소득을 올린다고 한다. 한국 농촌이 부럽게 느껴진다"

– 경제에 관심이 많은 중국 유학생 오○–

"한국 농기구는 중국 농기구보다 훨씬 앞선다는 것을 알게 되었어요. 오늘 체험한 복숭아밭 주인이 높은 곳에 있는 복숭아를 다듬을 때 사용한 것은 리프트였습니다. 중국 대부분 농촌지역은 여전히 사다리를 사용하고 있어요. 한국은 물을 줄 때 땅 속에 건설한 쇠파이프를 통해 관개를 하지만 중국 농촌에서는 대부분 인근 저수지에서 물을 퍼올려 관개를 합니다"

"복숭아 온라인 판매로 더 높은 수익을 올리고 있다는 사실을 알게 되었어요. 한국은 과일 값이 비싸 농민들이 푸짐한 보상을 받는 경우가 많은 것 같습니다. 하지만 중국에서 농민들은 1년 내내 일해도 별반 수입을 올리지 못하고 있어요. 농장주의 집인테리어나 가전제품 등에서도 중국 농촌과 큰 차이가 나는 것을 알 수 있었어요."

– 한중 농촌을 비교하며 바라보는 중국 유학생 호○○–

"농촌에 대해 연구를 진행한다면 전방위적으로 충분히 농촌을 이해하는 것이 매우 중요할 것이다. 농촌생활을 체험할 수 있으면 농촌을 더욱 깊이 이해할 수 있을 것이기 때문이다. 문장을 보고 이론을 배움으로써 농촌을 이해하는 것은 영원히 책에만 머무를 것이며, 따라서 농촌의 현실을 잘 파악할 수 없을 것이다. 진정으로 농촌에 가깝게 접근할 수 있을 때 일차적인 실질 자료를 얻을 수 있을 것이다. 중국에 농촌문제를 연구하는 사회학자가 있는데, 그 이름이 허쉐펑이라 하며, 그는 일년 중 절반의 시간을 농촌에 뿌리를 박고 견실한 들판조사를 한다고 들었다. 사회학 전공자인 나는 그가 이런 현장에 토대한 연구를 하는 것을 이해할 수 있게 되었고, 또 나도 학자가 되어 현장성에 토대한 심층연구를 할 것으로 다짐하게 되었다. 이번 한국 농촌 체험을 통해 학자의 길을 걷는 학도입장에서 많은 것을 깨우칠 수 있었다."

– 학자의 감성을 지닌 중국 유학생 마○–

2. 중국 유학생 입장에서 바라본 농촌 마을[1]

전통 마을에 대해 생각하면 우리 일상 속에서 대부분 낙후된 느낌으로 와 닿는다. 농촌 마을하면 떠오는 것이 도시에 비해 깨끗하지 않으며 밤이 되자마자 바로 어두워지는 곳으로 생각하였다. 이번 교수님과 같이 청도 섶마리 마을을 다녀왔는데 농촌 마을에 대해 평소 생각했던 느낌과는 완전히 달랐다. 예전에 중국 농촌 마을만을 보았기 때문에 농촌 마을을 바라보는 나의 인식에서 부족함이 많았음을 알게 되었다. 청도 섶마리 방문은 지금까지 바라보던 농촌 마을에 대한 나의 인식을 바꾸는 중요한 계기였다. 섶마리 마을 방문 뒤의 느낌을 중국 농촌 마을과의 비교를 통해 간략히 정리해보도록 한다.

첫째, 한국 청도마을의 생태환경이 엄청 깨끗하였고 또 공기가 너무 신선하였음에 놀랐다. 청도군은 사방이 산에 둘러싸인 곳이어서 그런지 공기가 너무 맑고 좋았다. 사실 이점이 청도뿐만 아니라 한국 전체적으로 보아도 중국의 환경과 비교되는 면이기도 하다. 산이 많은 관계로 농촌 환경이 깨끗하며 한국의 도시 여건에 비교해서도 잘 정비되어 있는 것으로 볼 수 있다. 산으로 둘러싸인 자연환경에 소나무를 중심으로 한 여러 나무들이 잘 가꾸어져 있었으며, 물이 흐르는 냇가와 강 등이 잘 가꾸어져 있었다. 중국과 비교하면 한국은 대체로 공기가 맑으며

---

1 이 장은 중국 출신 유학생인 이준성(영남대 박사과정)이 섶마리 마을 방문한 뒤 작성하였고, 이에 바탕하여 부분적으로 재구성하였음을 밝힌다.

흐르는 물도 맑고 깨끗한 편이었다.

섶마리 마을 안에 잘 가꾸어진 신지생태공원이 있다는 사실에서도 신기하였다. 작은 마을 안에 공원까지 있다는 것에 놀랐으며, 동네뿐만 아니라 이웃의 주민들도 이곳에 놀러와 편안하게 여러 모임을 할 수 있는 것으로 보였다. 저녁 때 사람들이 모여서 같이 걸으며 이야기를 나누면서 시간을 보내면 동네사람끼리의 친교도 좋아질 것이며, 또 건강증진에도 좋을 것이라는 생각이 들었다. 규모는 크게 보이지 않았지만 마을에 공원이 있다는 것은 이곳 마을 주민들에게 아주 좋은 영향을 줄 것 같았다. 이 점은 중국 농촌 마을에서도 적극 도입할 필요가 있을 것이다.

둘째, 청도 섶마리 마을에 전통집이 많았는데, 그 점이 아주 인상적으로 다가왔다. 마을입구에 들어가자 바로 왼쪽에 전통한옥이 나타났다. 이런 전통한옥은 수백 년 전부터 지금까지 잘 보호 · 관리해야 할 문화재인 까닭에 쉽게 들어갈 수 없었다. 밖에서 외양을 볼 때는 중국의 전통 집의 모습과 크게 다르지 않게 느껴졌다. 자세히 보면 한국 전통 집은 한국 고유의 멋과 관련이 있는 것 같았다. 우선 전통 집의 문을 보면 문밑에서 바닥까지 약 20cm 공간이 있었다는 점이었다. 또 창문을 볼 때 현대 집에 비해 창문이 상당히 작은 편이었고 북쪽에 있는 창문이 남쪽에 있는 창문보다 좀 더 작은 것으로 보였다. 한 가지 더 신기한 것은 한국 전통 집의 마루가 바깥의 바닥과 일정한 공간을 두고 있었다는 사실이다. 전통 집이 이렇게 지어진 이유는 사절기에 따라 방안의 온도를 적정하게 조절할 수 있도록 하기 위해서인 것으로 보였다.

셋째, 섶마리의 작은 마을에 400년 전부터 선암서원이 세워졌고, 그것이 현대까지 잘 보관되어 내려온다는 사실이었다. 이 서원을 터전으로 당시 이 지역의 양반들이 현대적 의미의 사립학교를 세웠고, 또 이곳을 무대로 젊은 인재들을 교육시켰다는 사실이 놀랍게 다가왔다. 선암서원 외부와 내부를 직접 둘러보았는데 생각보다 규모가 큰 것으로 보였고, 건물 사방 중에서 한 면에는 벽이 없음을 볼 수 있었다. 벽이 없는 쪽 앞에 거친 돌로 쌓은 돌기둥 하나가 서 있었다. 이렇게 돌기둥이 있는 이유는 그 당시는 방안을 밝힐 불이 마땅찮았기 때문에 야간시간에도 공부를 더 하기 위해 불을 피울 곳이 필요했기 때문이라고 들었다. 돌기둥에 불을 지펴 글공부를 할 수 있도록 했다는 것이었다. 당시 사람들의 공부에 대한 열정이 얼마나 대단했는지를 볼 수 있었으며, 요즘도 한국인이 공부에 큰 관심을 갖는 이유에 대해서도 조금이나마 이해할 수 있었다. 당시의 공부 열정이 오늘에도 여전히 이어지는 것으로 볼 수 있었다.

선암서원 양쪽에 작은 방 2개가 더 있었다. 그렇게 방이 있는 이유는 겨울이 되면 추위 때문에 밖에서 공부할 수 없었고 대신 방으로 옮겨 공부해야 했기 때문이었을 것이다. 당시는 지금처럼 쉽게 학교를 다닐 수 없었을 것이고, 또 돈이 있는 좋은 집안의 자녀들만 공부할 수 있었을 것이다. 이점은 중국에서도 비슷하였다. 중국도 돈 있는 소수의 집안 자녀들만 공부할 수 있었고, 나머지 대부분의 일반 집의 자녀들은 공부환경과 거리가 꽤 나 멀었다. 서원 관련 설명을 들으면서 인상 깊었던 점은 집이 예쁜 것에 그치는 것이 아니라 이 서원에서 공부한 사람들이 마을의 가난한 사람들을 위해 여러 가지 종류의 기부를 많이 하였다는 사실이었다. 이렇게 이웃과 함께 살아가며 선행을 베푸는 것은 세상의 인심을 얻는 것과도 통할 것이다. 이는 중국에서도 비슷한 현상으로 볼 수 있다. 부자가 해야 할 사회적 책임은 중국이나 한국이나 비슷할 것이기 때문이다.

넷째, 섶마리 마을에 위치한 아담하면서도 현대적으로 잘 정비된 금천초등학교의 모습에서 깊은 인상을 받았다. 이 학교는 1906년부터 사립인 신명학교로 시작되었으며, 2018년 주변의 문명분교를 통합하여 현재의 금천초등학교에 이른다는 설명을 들었다. 2016년 제13회 전국 100대 교육과정 관련 시범학교 운영에서 우수학교 칭호를 획득하였다고도 들었다. 2021년 2월 현재까지 이 학교를 졸업한 학생 수는 총 6353명에 달한다고 하였다. 초등학교는 부설 유치원부까지도 포함하고 있었다. 이 학교 이곳저곳의 시설을 잠시 살펴보았을 때 도시에 소재하는 초등학교에 비해 못하다는 점을 그 어디에서도 찾을 수 없었다. 그리고 너무나 신기한 것은 (한국 다른 초등학교 가본 적이 없지만) 금천초등학교에 자기 학교의 교가가 있다는 점이었다. 중국에서 초등학교를 다닐 때 학교 교가를 들어보지 못했고, 또 불러보지도 못했다. 이렇게 자기 학교만의 교가가 있다는 것은 외부에 학교를 홍보할 때 큰 장점이 될 것으로 보였고, 학생들의 애

교심을 키우는 데도 도움이 될 것으로 보였다.

섶마리 마을을 돌아본 뒤 중국 농촌 마을과 많은 점에서 차이를 볼 수 있었다. 중국 마을과 한국 마을은 둘 다 아주 조용하고 한가했다. 이런 조용한 모습은 중국 마을만의 특징인 줄 알았는데 한국 마을에서도 비슷하다는 사실을 알 수 있었다. 20대에서 50대까지의 젊은 사람들은 큰 도시로 일하러 나갔고, 노인들과 아이들 몇 명이 살아간다는 점에서 중국 마을과 비슷한 것으로 볼 수 있었다. 농촌과 도시 간에 빈부격차가 크기 때문에 젊은이들은 대도시로 떠나고 주로 노인들이 농촌에 남아서 사는 것으로 보였다. 이런 이유 때문에 농촌과 도시 간에 빈부 차이가 더욱 커질 것이다. 농촌과 도시 간의 빈부차를 줄이기 위해 국가에서는 농촌지역에 더 많은 지원을 할 필요가 있을 것이다. 유명기업들도 도시인에게만 일자리를 제공하지 말고 농촌에 거주하는 사람들에게도 혜택이 돌아갈 수 있도록 사회적 배려를 해야 할 것이다.

한국 농촌 마을의 좋은 점에 대해 좀 더 구체적으로 밝혀볼 것이다.

첫째, 한국 마을의 전체 환경이 중국 마을보다 너무 깨끗한 편이었다. 곳곳에 산이 많은 관계로 마을 주변에도 공기가 깨끗했고 또 신선함을 느꼈다. 또 한국 사람들이 쓰레기를 버릴 때에도 분리 · 수거하는 관계로 도로를 비롯한 주택가가 잘 정비되어 있다. 이번에 방문했던 섶마리도 마을 전체가 단정하게 정리되어 있었고, 또 생태공원을 비롯한 선암서원도 잘 가꾸어져 있었다. 마을을 감싸고 흐르는 강의 물도 맑고 투명하였으며, 사방이 산으로 둘러싸여 바라보는 경치도 아주 아름다웠다.

둘째, 한국 마을의 공공시설이 잘 갖추어져 있었고, 중국 마을에 비해 이용하기가 편리하였다. 한국의 도로상황이 잘 되어 있었고 가로등도 다 설치되어 있어 불편 없이 다닐 수 있도록 해 놓았다. 아직도 흙길이 많으며 이용에 불편이 많은 중국 마을과 크게 비교되었다. 섶마리는 아담한 생태공원이 잘 정비되어 있으며, 또 마을 중심부에 잔디구장을 비롯한 조경이 잘 되어 있는 금천초등학교가 있어 마을환경이 더욱 멋져 보였다. 이렇게 좋은 환경에서 살아가는 주민들은 좋은 자연여건을 누릴 수 있을 것이며, 또 마을 인근의 도시에서 마을을 찾아와 휴식을 즐기는 사람들에게도 아주 좋을 것으로 보였다.

셋째, 마을에는 전통가옥이 잘 보존되어 있었으며, 옛날 한국 선비들이 살았던 삶의 흔적을 엿볼 수 있었다. 이는 문화적으로 아주 의미가 큰 것으로 보였으며, 젊은 세대들에게 역사의식을 공부할 수 있는 좋은 교육장으로 중요할 것 같았다. 옛날 시대 한국인들이 살았던 집을 보면서 한국의 전통문화를 조금이나마 이해할 수 있었다. 무엇보다도 당시 시대 유명한 사람들이 학문을 좋아했으며, 학문에 바탕하여 지역사람들에게 모범을 보였음을 알 수 있었다. 사람에게 있어서 경제와 돈의 의미도 중요하지만 문화와 학문의 의미도 아주 중요하다는 사실을 새겨볼 수 있었다.

넷째, 한국 마을 견학을 통해 전통시대 한국인들은 중국에서

보다 교육을 더 크게 중요시하였음을 느낄 수 있었다. 중국 마을의 곳곳에서도 초등학교를 찾아볼 수 있지만 시설의 측에서 금천초등학교의 모습에 비길 수 없다. 금천초등학교의 외부와 내부시설이 잘 갖추어져 있으며, 또 깔끔하게 정리 · 정돈되어 있음에 놀라움을 금치 못했다. 외딴 시골의 농촌지역에 이렇게 잘 정리 정돈된 학교가 있다는 사실이 놀라웠으며, 무엇보다도 1906년에 개교된 학교로서의 긴 역사성이 새롭게 다가왔다. 학교 교직원 선생님들로부터 잠깐 학교 관련 설명을 들었는데, 이 학교는 지역의 중심학교로서 국가로부터 많은 지원을 받았다는 사실에 대해서도 알게 되었다. 국가에서 농촌지역에 살고 있는 지역 학생들을 위해 교육적 지원을 다하고 있음을 알 수 있었다. 등하교용 버스제도를 운영하면서 지역 학생들에게 교육적 혜택을 주는 것도 흥미로운 사실이었다. 이런 좋은 제도가 중국의 농촌 마을 교육에도 적용될 수 있었으면 하는 바람을 가져보았다. 한국 농촌 학교의 모습에서 큰 인상을 받았으며, 앞으로 중국 농촌학생들도 금천초등학교 학생들처럼 더 좋은 교육 여건에서 공부할 수 있었으면 좋겠다는 희망을 가져보았다.

3. 베트남 유학생 입장에서 바라본 농촌 마을[2]

섶마리 마을은 경북도 청도군 금천면 소재지인 동곡리와 동창천 사이에 위치하였고, 이 마을은 밀양 박 씨 집성촌이면서 청도지역의 중요 민속문화 마을로 알려져 있었다. 신지리는 산비탈에 위치해 돌담과 숲이 빼어난 경관을 자랑하였다. 물이 안정적으로 공급되는 넓은 평야를 배경으로 벼농사를 주로 하며 살아가고 있었으며, 이는 양반문화가 발전할 수 있는 경제적 기반을 제공하는 데 좋은 조건을 제공했던 것으로 볼 수 있었다.

마을 내의 한옥마을을 지나 동창천과 금천초등학교를 따라 둘레길이 잘 조성되어 있었고, 옛날 공장 터에 신지생태공원을 잘 가꾸어 놓고 있었던 점이 인상적이었다. 산책로를 따라가면 세계 최대 크기의 곰방대 조형물이 나왔는데, 그 발상이 참으로 이색적으로 다가왔다. 이 공원의 특징은 호랑이 담배피던 시절을 테마로 스토리텔링하였는데 공원과 잘 어우러져 보였다.

이런 현상은 베트남의 여건에서는 잘 생각해 볼 수 없는 모습이었고, 역시나 한류 유행을 일으킨 한국인의 문화적 창조능력을 볼 수 있는 것 같았다. 곰방대 옆으로는 화로 앞에서 곰방대를 물고 있는 훈장님이 책을 읽는 아이들의 모습과 함께 익살스런 표정을 한 채 앉아 있었다. 이는 옛날 한국 시골마을의 정취

---

2 이 장은 베트남 출신 유학생인 판홍트리툭(영남대 박사취득)이 섶마리 마을을 방문한 뒤 작성하였고, 이에 바탕하여 부분적으로 재구성하였음을 밝힌다.

를 되새기게 해주는 정겨운 모습으로 다가왔다. 발전된 삶을 살아가는 현대인들에게도 과거의 의미가 사라져서 없어지는 것이 아니라는 생각을 하게 되었다. 과거의 의미를 현대적으로 적절하게 재조명하는 것이야말로 공부하는 사람들의 일이라는 생각이 들었다.

생태공원에 인접하여 선암서원이 위치해 있었다. 서원 안에는 강당을 비롯해 득월정, 공부방, 장판각, 살림채, 문간채 등이 잘 정비되어 있었다. 대문간채로 들어서면 왼편으로는 살림채가 있었고, 오른편에는 득월정과 행랑채가 가지런히 서 있었으며, 그리고 행랑채에 들어서면 선암서당이 북향으로 앉아 있었다. 선암서당은 정면 5칸, 측면 2칸의 규모로서 가운데 3칸은 대청마루이고, 양쪽으로 방이 들어서 있었다.

함께 했던 마을 활동가는 한국 농촌 상황을 간략히 설명했다. 그에 의하면, "신지리는 여느 농촌지역과 마찬가지로 벼농사와 함께 감, 대추, 복숭아 등을 주된 소득원으로 한다고 했고, 한국 농촌에서 일반화된 현상인 초고령화가 심화되어 일할 사람들이 부족하다고 하였고, 이런 상황에서 젊은 사람들이 농촌으로 와서 열심히 일하면 도시인에 못지않게 잘 살 수 있는데 그렇지 못해 아쉽다는 이야기를 들을 수 있었다." 이 사실을 통해 한국 농촌 여건에 고령화 현상이 얼마나 심각하게 일어나고 있는지 알 수 있었다. 베트남의 경우, 아직은 농촌지역의 고령화가 크게 진행되지 않았지만 신지마을의 고령화를 통해 베트남 농촌의 미래를 읽을 수 있을 것 같았다. 언젠가 베트남이 산업화되어 한국 수준까지의 발전에 이른다면 농촌의 공동화가 불가피할 것이며, 그때는 현재의 한국 농촌모습과 비슷해질 것이라는 생각을 해보았다. 베트남 농촌정책을 어떻게 잘 세울 것인가는 중요한 과제라는 생각이 들었다.

마을은 선조들이 살아온 생활상이 그대로 간직, 유지된 곳으로도 볼 수 있다. 당시는 비록 계급문화가 엄격했던 시대였지만 이 마을에서는 계급 간 소통이 어느 정도까지 잘 이루어졌으며, 무엇보다 지배계급인 양반층에서 농민을 비롯한 피지배 계급에 대해 많은 경제 · 사회적 배려를 다했던 것으로 볼 수 있었다. 마을 활동가에 의하면, 선암서원의 양반들이 가난하고 힘든 상황에 있었던 마을 주민을 위해 재정적 지원을 다하였다고 했다. 이런 점에서 이 마을 양반들이 주민들로부터 존경을 받았으며, 또 그것이 이 마을의 중요한 특징임을 느낌으로나마 알 수 있었다. 한국 마을의 중요한 특징은 어려울 때 그런 고통을 공동체와 함께 나누면서 극복해갔다는 점을 들 수 있었다. 이런 마을 단위 공동체 형성은 베트남 농촌 마을 잘 살기에 적용해도 좋을 것이라는 생각이 들었다.

섶마리 마을에 잘 간직 · 보존되어 있는 전통가옥인 고택을 관람하고 몇 가지 설명을 들은 뒤 신선한 충격을 받았다. 기와지붕과 돌담으로 되어 있는 고택에서 한국의 전통문화에 대해 이해의 폭을 넓힐 수 있었고, 한국 전통문화의 의미에 대해서도 좀 더 잘 알 수 있었다. 옛날 한국인은 이런 주거형태를 갖추었고, 그곳에서 대가족 형태로 살았음을 볼 수 있었고, 무엇보다도 양반들은 학문하기를 좋아했고 그런 학문정신을 삶으로 실천하려 했음에 대해서도 어렴풋이나마 알 수 있었다. 덧붙여 전통의 재조명이 어떤 의미를 갖는지에 대해서도 작은 부분이지만 느낌으로 알 수 있었다. 이런 고택을 잘 보관하고 그 의미를 살린다면 훌륭한 관광거리로 거듭날 것이라는 생각도 할 수 있었다. 옛날 한국인들이 어떻게 살았는지를 느낌으로 알 수 있었고, 그곳에 비치된 몇 가지 물품과 도구를 통해 베트남인의 삶의 방식과 여러 면에서 차이가 난다는 사실도 확인할 수 있었다. 평소 같은 유교권이어서 비슷할 것으로 생각했고, 또 한국에 와서 8년 정도의 꽤나 긴 생활을 했는데, 한국의 전통 농촌사회모습을 직접 보고 몇 가지 설명을 듣고서야 한국문화를 둘러싼 이해의 폭을 넓힐 수 있었다.

한옥은 한국의 전통문화 중에서 가장 대표적인 것이라 볼 수 있다. 대부분의 집에서 사용되는 난방방식인 온돌이 바로 전통 한옥에서 유래했음에 대해서도 알 수 있었다. 불을 지피는 아궁이에서 가스보일러를 이용한 온수 순환식으로 그 형태가 바뀌기는 했지만 한옥에서 사용되었던 온돌은 지금도 여전히 의미를 띠는 것으로 볼 수 있었다.

선암서원을 둘러본 뒤 큰 울림과 느낌을 받았다. 한국 양반들은 서원을 무대로 학문을 하였고, 또 그런 학문을 인격 도야의 중요한 수단으로 활용하였으며, 무엇보다 그런 학문세계를 생활 측면에서 실천으로 옮기려 했음이 인상적으로 다가왔다. 중국에서 유래했을 것으로 생각하지만 서원은 한국 땅에서 새로운 형태로 재구성되어 한국인의 정신세계를 한층 풍요롭게 하였을 것이다. 베트남의 경우도 중국으로부터 유교 영향을 크게 받았지만 현재 상황에서 한국만큼 그 영향력이 크다고 볼 수 없다. 이런 점은 양국의 문화적 차이에서 비롯되는 것이라 볼 수 있다. 특히 베트남 젊은이들 사이에서 유교 영향을 잘 찾을 수 없으며, 사회 전반적으로도 유교에서 상당히 자유롭게 살아가는 편이다. 서원은 수백 년 전에 만들어진 역사유적이지만 이곳 서원을 통해 형성된 정신세계는 현재 한국인의 정신구조에까지 큰 영향을 미쳤던 것으로 보인다. 서원이 갖는 가치에 주목해야 하는 이유는 그것이 과거 유물이지만 현재와의 소통을 여는 데 일정한 역할을 한다고 보기 때문이다.

선암서원은 인근의 멋진 자연경관을 배경으로 아담하면서도 예쁘게 배치되어 있었다. 옛날 한국의 선비들은 학문을 통해 심신을 단련하려 했을 것이고, 이런 과정에서 주변 자연의 멋을 잘 활용했던 것으로 보인다. 이는 독특한 인성수련 방법으로써 현재에서도 큰 의미를 띨 것이다. 자연의 이치를 거슬러 어떤 것을 만들고 새로운 시도를 하는 것은 오랜 세월을 견뎌낼 수 없을 것이다. 이곳 서원 모습을 견학하면서 자연스럽게 주어진 이치에 거슬리지 않으며 조화롭게 살아가는 것이 왜 중요한지를 깨우칠 수 있었다. 무엇보다도 자연의 이치를 받아들이면서 자연스럽게 삶을 살아가려 했던 옛 한국 선비들의 삶의 자세에서 깊은 인상을 받을 수 있었다.

〈유학생 운강고택 방문〉

〈유학생 금천초교 방문〉

4. 우간다 출신 유학생이 바라본 농촌 마을[3]

한국 농촌의 매력 찾기 프로젝트

2022년 10월 11일 대학원생들과 함께 청도지역(금천면 섶마리와 동곡)을 방문했다. 우리는 한국의 농촌지역이 사회적, 경제적으로 어떻게 형성되는지에 대해 더 깊이 알고 싶었다. 이번 방문의 목적은 각 나라의 농촌을 관찰하여 비교하면서 한국의 농촌의 매력을 찾는 것이었다. 어느 나라든 시골은 도시와 도시 밖에 위치한 지리적 지역을 말할 것이다. 대체로 농촌지역은 인구밀도가 낮고 정착지가 군데군데 넓게 분포되어 있으며 농업과 임업지역이 대부분을 차지한다. 농촌지역은 집을 비롯한 건물이 많지 않으며 시야도 탁 트인 곳을 배경으로 공동체를 이루고 살고 있었다. 나는 이번 섶마리 탐방을 통해 한국의 농촌의 매력에 관해 이야기하려 한다.

첫째, 문화 그리고 역사를 간직한 마을은 매력적이다

섶마리는 전통가옥이 오랜 시간 동안 잘 보존되어 있다는 점에서 다른 마을과 달랐으며, 이런 점에서 한국적 전통문화 자산을 잘 관리한 곳으로 보였다. 이 마을 구성원은 세대를 이어 살

---

3 이 장은 아프리카 우간다 출신 유학생인 지바(영남대 박사과정)가 섶마리 마을 방문한 뒤 초고를 작성했고, 이에 바탕하여 부분적으로 재구성하였음을 밝힌다.

아오면서 유사한 역사를 함께 공유하였고 비슷한 공감대를 형성하며 살았던 것으로 볼 수 있었다. 이런 마을 단위 문화와 유적지에서 마을 구성원은 공동체 성원으로서 소속감을 형성하며 자부심을 느꼈을 것이다. 이런 점에서 이 마을은 조상으로부터 물려받는 문화 자산을 어떻게 잘 관리하여 다시 후대에 전해줄 것인가에 대해 나름의 사명을 가져야 할 것이다. 나는 이런 전통문화 자산 차원에서 이 마을에 큰 매력을 느꼈고, 이 마을을 더 탐색해보기로 했다.

둘째, 기본 인프라가 잘 갖춰져 있다

한국의 농촌지역은 믿을 수 없을 정도로 잘 정비된 진입도로를 갖고 있었다. 우간다 농촌에 비해 한국 농촌은 계절과 관계없이 이 마을 저 마을 사람들이 쉽게 드나들 수 있는 점이 인상적이었다. 이런 농촌의 교통인프라 덕분에 사람들은 물리적 소

〈금천면 벽화거리〉

통에 문제가 없어서 마음만 먹으면 사회적 교류를 더 다양하게 열어갈 수 있다. 한국 농촌의 안전하고 신뢰할 수 있는 교통 인프라 시설이 부럽게 다가왔다. 농촌지역에 있는 시장과 보건시설, 그리고 학교와 같은 교육시설 등이 너무도 잘 갖추어져 있었다. 이 마을 진입로를 볼 때 한국 농촌은 인근 도시지역으로 쉽게 이동할 수 있으며, 따라서 농촌주민들도 도시에 밀집된 각종 문화시설을 잘 즐길 수 있을 것으로 보였다. 농촌의 촘촘한 교통망은 농촌 주민의 삶의 질 향상에 직결될 것이다. 이런 점을 보면서 우간다 농촌이 어떻게 발전해야 할 것인지를 볼 수 있는 좋은 기회였다. 한국에서 공부를 마친 뒤 우간다 농촌 발전을 어떻게 설계하여 실행해야 할 것인지에 대해서도 가늠할 수 있었다.

셋째, 농촌지역의 인상적인 초등학교

청도 금천에 위치한 초등학교 시설을 본 뒤 깜짝 놀랄 수밖에 없었다. 학생 수는 고작 50여 명에 불과한데 교실, 도서관, 식당, 체육관, 심지어 양치실까지 고루 갖추어져 있었다. 몇 대의 노란색을 한 통학버스를 통해 여러 마을 아이들을 실어와 공부하도록 한다는 사실에 대해서도 교육 천국 한국교육의 상황을 엿볼 수 있었다. 아이들 수와 교직원의 수도 엇비슷한 것으로 보였고, 또 학생들에게 친절하게 다가가는 교육을 하도록 하는 것 같아 부럽게 다가왔다. 아이들도 이런 좋은 환경에서 안

심하고 편안하게 공부할 수 있을 것이다. 이렇게 잘 갖추어진 교육환경에서도 학생수가 적은 것이 잘 이해되지 않았다. 교장 선생님은 아이들 대부분이 도시에서 공부하려 하며, 또 한국 젊은 부부들이 아이들을 잘 낳지 않으려 한다고 들려주었다. 이렇게 완벽하게 갖추어진 농촌의 초등학교 시설이 남아도는 것이 안타깝게 다가왔다. 학교를 둘러보면서 나는 우간다 교육 수준을 한국 농촌 초등교육의 단계로 어떻게 끌어올릴 것인가에 마음이 빼앗겼다.

넷째, 전통시장과 산업화

어느 나라든 농촌의 경제는 도시에 비해 덜 다양할 것이다. 이런 생각을 갖고 작은 시골지역의 전통시장을 방문했다. 마침 5일장이 열리는 날이어서 여러 물건들이 진열되어 있었고, 시장을 찾는 사람들도 많았다. 생각했던 것보다 시장이 훨씬 활발하였으며, 활력이 넘치는 것 같았다. 우리가 방문했던 동곡장은 전통시장에 해당되는 곳이었다. 1930년대 시장개시 이래 이 지역 상권의 중심지 역할을 하였으며 60~70년 동안 이 시장이 가장 큰 성황을 이루었다고 했다. 작은 시골장치고는 다양한 여러 가지 물건들이 나와 있었다. 내가 살았던 우간다 농촌시장 상황이 떠올랐다. 어떻게 하면 우간다 농촌주민들도 이곳처럼 풍요롭게 살아갈 수 있을지에 대해 생각할 때 시장이 중요할 것이라는 생각에 미치게 되었다. 시장에서 거래되어 사고팔 수 있는 다양한 물건들이 있을 때 지역주민들의 삶도 더 윤택해지며 활기를 띨 것이라는 생각을 해보게 되었다. 동곡장에서 주로 거래되는 물건들에는 식료품, 가정용품, 애완동물(개) 등이 있었고, 그런 모습에서 이곳 사람들의 일상생활 모습을 엿볼 수 있었다.

〈동곡 전통시장〉

답사 때 한국의 전통 술인 막걸리 제조회사인 '동곡양조장'을 방문할 수 있었다. 동곡양조장은 전통 한국 술인 막걸리 제조공장이었다. 1929년 양조장 시작 때부터 지하 암반수를 사용해 막걸리 맛을 지금까지 유지한다고 들려주었다. 물맛에서 변함이 없으니 술맛에서도 한결같다고 하였다. 지역사회 탐방형식으로 진행된 수업의 일환이어서 막걸리의 맛을 직접 볼 수 없어 조금은 아쉬웠다. 양조장 인근에 위치한 유명사찰인 운문사에 매년 봄가을을 맞이해 이 집의 막걸리 열두 말씩을 보낸다고 했다. 운문사 내에 서 있는 '처진 소나무'와 은행나무에 막걸리를 공양하기 위해서라고 하였다. 이 일은 20년째 계속되고 있으며, 막걸리 맛으로 인해서인지 소나무와 은행나무도 잘 자라며 무수히 찾아오는 관광객을 잘 맞이하고 있다고 하였다. 막걸리가 나무에까지 영향을 줄 수 있다는 생각을 하니 참으로 신기했다. 동곡양조장은 지역주민들에게 고용을 제공하면서 또 한국 전통 술의 제도방식을 후대에 전달하며 지역발전에도 큰 역할을 하고 있었다. 이 공장의 역사는 90년 이상으로 지역의 자랑거리로 보였다.

〈동곡양조장 막걸리〉

다섯째, 한국과 우간다 농촌지역의 비교

한국 농촌지역은 우간다에 비해 상당히 안전한 것으로 보였다. 시골 곳곳에 CCTV가 설치되어 있었고, 집 건축에서부터 더 탄탄하게 지어졌으며 또 교통체계가 잘 갖춰져 있었다. 우간다 대부분의 시골에서 주택 사정이 좋지 않으며 상하수도 시설이 갖추어져 있지 않고, 또 각종 안전사고에 노출되어 있다.

생활 인프라 측면에서도 많은 차이를 보인다. 한국 농촌학교는 아이들을 위한 안전한 공부와 놀이 환경을 갖추었고, 필수 의료진과 의약품을 구비하고 있다고 들었다. 전기와 통신이 잘 연결되며 안전하게 마실 수 있는 식수가 제공된다. 우간다에도 시골 지역에 병원과 학교가 있기는 하다. 그렇지만 농촌학교의 환경이 열악하고 안전하지 않으며 건물의 구조물에서도 환경이 나쁘며 여러 가지 위험요인이 도사리고 있다. 시골 지역의 경우 의료진과 의약품이 제대로 전달되지 않는다. 물과 전기가 연결된 농촌지역을 잘 찾을 수 없다. 무엇보다 우간다 농촌지역의 대부분에서 안전한 식수에 접근할 수 없다.

유대관계 측면에서 우간다 사람들이 더 돈독한 것으로 볼 수 있다. 한국 농촌에서 대부분 사람들이 불행해 보이고 서로 간에 거리감을 두는 것으로 보였다. 마을 주민들은 고립되어 지루해 보였으며, 또 그들끼리의 관계망에서도 강하지 않는 것 같았다. 사람들이 서로 애착을 갖지 않았고 구성원 간에 큰 격차를 보였다. 이에 비해 우간다 농촌은 사회적 관계망이 아주 강하게 연결되어 있으며, 또 서로 간에 걱정하며 함께하는 유대관계가 아주 깊은 것으로 볼 수 있다.

한국 농촌 인구는 빠르게 고령화되고 있다. 젊은 층이 도시로 빠져나가 농촌지역은 초고령화되고 있으며 청도지역도 예외가 아닐 것이다. 농촌지역에 노인들이 주로 거주하며 도시지역에 젊은 층이 살고 있어 두 지역 간 거주자 연령 차이가 아주 크다. 우간다의 경우에도 도시 거주의 젊은 인구와 성인 인구의 비율이 높은 편이지만, 농촌지역에서도 젊은층이 상당히 많이 거주하는 편이다. 기대 수명 측면을 보면 한국 농촌지역 거주민이 우간다 농촌지역 거주민에 비해 더 오래 산다. 비교적 안전한 환경에서 자연재해의 피해를 잘 받지 않은 한국 상황에 비해 우간다의 농촌지역은 홍수, 기아, 질병 등과 같은 위험에 직면해 있으며, 그

것은 평균수명에까지 큰 영향을 미치는 것으로 볼 수 있다.

한국 농촌 거주자 소득은 도시민에 비해 그렇게 낮지 않다고 한다. 일부에서 부농을 실현하여 기업농에 해당되는 큰 부자도 생겨나고 있다고 들었다. 그것은 그들의 농업이 대규모의 기업농의 형태를 하였고, 특히 포도, 참외 등의 수입이 높은 작물을 재배하는 것에 찾을 수 있을 것이다. 동시에 이렇게 대량 재배한 농산물을 쉽게 팔 수 있는 큰 시장을 갖고 있기 때문일 것이다. 아무리 농사를 잘 지어놓았다해도 그런 고급 물건을 찾는 수요자가 없다면 큰 돈을 벌 수 없을 것이다. 우간다의 사정은 한국과 많이 다르다. 아직 농촌주민의 소득이 너무 낮으며, 또 그런 농산물을 거래할 수 있는 시장 조건이 형성되지 않은 것으로 볼 수 있다. 여전히 우간다에서 농산물 관련의 시장 접근성이 상당히 제한적이라 할 수 있다. 이번 조그마한 시골농촌 지역의 전통시장 방문을 통해 한국 농촌거주민의 생활상황을 볼 수 있었으며, 무엇보다 우간다 농촌사회가 나아갈 방향이 어떠해야 할 것인지에 대해서 많은 생각을 할 수 있었다.

5. 인도 출신 유학생이 들려준 농촌체험기[4]

현대인은 어느 나라를 막론하고 농촌에서보다 도시에서의 편

4 이 장은 인도 출신 유학생인 넬리마가 섶마리 마을 방문한 뒤 1차 자료를 작성하였고, 이에 바탕하여 부분적으로 재구성하였음을 밝힌다.

안한 삶을 원한다. 도시에서의 삶은 집 근처에 편의시설이 잘 갖추어져 있다. 도시에서 살아갈 때 우리는 더 많은 편익에 쉽게 접근할 수 있다. 나는 도시 생활이 주는 나름의 이점에도 불구하고 불편이 따를 수 있는 농촌적 삶에 관심이 많다. 이런 농촌적 생활에 관한 관심 때문에 이번 농촌체험 프로그램에 자발적으로 참여하여 한국 농촌에서의 삶을 몸으로 경험하려 하였다.

우리는 일상에서 다양한 물자들을 사용하여 생활하는 데 그 각각의 원천은 상이한 상태에서 얻어질 수 있다. 그중에서 우리가 일상으로 먹는 음식은 우리의 생각 속 깊은 곳에서 어떤 식으로든 존재하여 영향을 주는 기본적 욕구의 하나일 것이다. 나는 인도의 고향마을에서 조부모님으로부터 야채, 꽃, 그리고 여러 곡물을 함께 키웠다. 우리가 먹는 음식 속에는 여러 요인들이 포함되어 있으며, 특히 음식을 통해 노동의 의미뿐만 아니라 사람들의 음식을 대하는 철학까지 포함되어 있는 것으로 볼 수 있다. 이런 농촌 마을과 음식 관련의 의미를 느껴보기 위해 나는 유학생 농촌 체험활동에 자원하여 참여하게 되었다. 나는 농촌 생활 탐구를 통해 한국 관련 이해영역을 넓히려 했고, 더 중요한 것은 농업 활동을 하면서 인생에서 무엇이 진정한 가치인지에 대해 알 수 있는 기회를 갖고자 하였다. 이번 활동을 하면서 나는 다양한 국가 출신 사람들과 인간적인 유대감을 형성할 수 있었고, 무엇보다 인간 삶에서 토양이 갖는 의미를 새길 수 있었다. 동시에 나는 지구의 기후 변화가 곡물 재배에 어떤 영향을 끼칠 것인지에 대해서도 파악하고자 하였다.

청도군 섶마리로 출발!

이번의 유학생 대상 농촌체험 활동 프로그램에 참여하면서 한국 농촌 마을에 들어 있는 문화적 의미를 경험하고 배울 수 있는 기회를 갖게 되었다. 이틀 전 프로그램 담당자와의 짧은 대화를 하는 중 농촌 체험활동 관련 소식을 듣게 되었고, 한국 농촌을 이해할 수 있는 매우 흥미로운 일로 생각하여 프로그램에 참여하였다. 나는 한국 시골 마을에서 농장 일에 참여하는 경험이 처음이었기에 아주 큰 호기심을 갖고 농촌 마을로 향했다.

〈청도군 신지생태공원 주차장, 화장실, 정자, 그 주변의 모습〉

2022년 5월 26일 오전 8시 영남대학교 캠퍼스에서 모였고, 곧이어 청도군 신지생태공원으로 이동하였다. 처음의 경험으로 나도 모르게 기분이 들떠 있었다. 농촌체험을 한다는 설레임에 저녁잠에서 몇 번을 깼었고 알람 울림에 맞추어 체험 준비를 하였을 정도였다. 하늘이 맑고, 공기가 신선하였고, 아침 햇살도 눈부시게 환했다. 일행은 현지마을에 도착하여 빵과 물로 간단히 요기를 하였고, 드디어 체험 장소로 출발했다. 목적지까지는 차로 30분 정도 걸렸다.

〈섶마리 주차장 도착 및 주의사항 전달〉

땅콩 밭으로 GO! GO!

우리 팀 구성원은 아프리카 출신의 지바, 니콜, 마틴 그리고 치카 등이 같이했고, 또 방글라데시 출신의 루훌 초드리와 중국 출신의 몇 명 유학생으로 다양하게 구성되었다. 루훌과는 벵골어(제 모국어)로 소통할 수 있어서 너무 좋았다. 나의 고향은 인도의 서벵골에 속해 있고, 루훌의 고향은 방글라데시이다. 우리는 같은 조상을 섬기며 오랫동안 살아왔다. 대영제국이 인도와 방글라데시로 진출하면서 국제정치 역학의 영향으로 두 지역은 분리되었다. 1905년 인도지역으로 영국의 진출이 있으면서 두 지역의 분할이 시도되었다. 그런 분할은 1947년 인도와 파키스탄(방글라데시는 동파키스탄)의 독립으로 두 지역이 분할되었고, 1971년 방글라데시가 독립되면서 또다시 분할이 시도되었다. 이런 점에서 인도와 방글라데시는 1971년 이전까지 한 국가로 한 나라 국민으로 살았다. 지금은 서로 다른 국가의 이름으로 분열에 따른 혼란기를 거쳤고 이제 두 나라 모두 자유롭고 독립적으로 삶을 살아간다. 그렇지만 두 나라 사람들은 여전히 같은 문화유산을 공유한 측면이 많다. 두 나라는 민족에서나 문화와 언어, 그리고 전통의 측면에서 상호적으로 통하는 점들이 아주 많다. 이런 공유할 수 있는 부분의 이면에 양국의 차이성을 크게 하는 것이 바로 정치적으로 분열되어 있다는 사실이다.

〈땅콩 모종심기 활동〉

서로 다른 국적으로 구성된 우리 팀은 넓은 밭에 땅콩 묘목을 심었다. 우리가 선의로 심은 묘목은 얼마 지나지 않으면 사람들을 위한 좋은 식재료로 성장할 것이다. 무엇보다 이렇게 심은 묘목이 열매를 맺는다면 이 열매를 먹는 사람들에게 선한 영향력을 줄 것이라고 생각하니 일하는 것에 자부심을 느낄 수 있었다. 조금은 힘이 드는 노동이라 생각되지만 나의 노동으로 여러 많은 사람들이 즐겨 먹을 수 있는 음식이 된다는 것에서 마음의 위안을 얻을 수 있었다. 일처럼 숭고하고 고상한 가치를 만드는 것이란 없을 것이기 때문이다. 노동 곧 일을 통해 마음의 평화를 맛볼 수 있는 소중한 시간이었다.

씨앗 트레이를 밭으로 가져와 물에 담가 흙을 적시고 여분의

〈적절하게 자란 땅콩 묘목이 있는 묘목 트레이〉

물이 각 칸막이 바닥에 있는 구멍으로 빠져나가도록 바닥에 잠시 보관한다. 이후 우리가 심을 밭으로 옮기게 된다. 이런 준비를 거친 뒤 우리에게 전해지며, 우리는 이런 준비상태를 마친 묘종을 밭에 2인 1조로 파종하였다. 이런 선행의 준비가 되어

있지 않으면 땅콩 파종이 이루어질 수 없을 것이다.

2인1 조가 되어 땅콩 모종을 심다

우리 그룹은 두 명씩 팀을 이뤄 재배치되었고, 짝을 지어 모종을 심어야 했다. 나와 짐바브웨에서 온 닉 그리고 우간다에서 온 지바와 방글라데시 출신의 루훌이 각각 한 팀이 되었다. 우리는 저녁까지 농장 일을 마치기 위해 12명이 6개 팀을 구성해 열심히 일했다. 수작업으로 쉽게 작동할 수 있는 모종 심기기계는 편리할 뿐만 아니라 노동력과 시간을 절약하는 데 안성맞춤이었다.

닉은 그 기계를 다루는 기술을 매우 빨리 익혔고 전문가처럼 일했다. 내가 한 일은 모종 트레이에서 모종을 조심스럽게 끌어내어 화분의 맨 위에 있는 구멍으로 옮기는 것이었다. 토양 덩어리가 부착된 모종은 중력으로 장치의 파이프를 따라 땅으로 내려간다. 그 기구의 바닥 부분이 흙에 닿아 구멍을 만들고, 이 때 레버를 당기면 땅콩 모종이 토양에 심어진다. 그런데 가끔 촉촉한 흙이 배출 팁의 안쪽 부분에 부착된 상태로 남아 있을 수 있다. 이런 상태가 되면 묘목을 원활하게 심을 수 없다. 닉은 가끔씩 팁을 청소해야 했다. 그리고 가끔 제대로 심어지지 않은 묘목이 있을 경우 우리는 수작업으로 심어야 했다. 닉은 묘목을 흙에 고정시키는 손재주가 아주 능숙했다. 그는 확실히 타고난 농부 재능을 가진 것으로 보였다.

점심식사: 다국적 친구들과 토론하며 즐긴 시간

오전 작업 중에서 우리는 20여 분 정도의 짧은 시간 동안 물, 차, 커피를 마시며 잠깐 쉴 수 있었다. 우리의 작업은 점심시간이 될 때까지 계속되었다. 농장 관리인이 우리를 다시 온실 그늘로 불렀다. 그녀는 상자로 만든 테이블 위에 점심 식사를 차렸다. 우리는 둘러앉아 무엇부터 먹어야 할지 고르기 시작했고, 농장주가 차려준 음식을 맛있게 먹었으며, 친구들과 금새 친해질 수 있었다. 젊은이들이어서 마음을 열고 서로의 생각을 들을 수 있었고, 곧 세계인으로서의 친교를 맺을 수 있었다.

〈땅콩 묘목을 20~25cm간격으로 심는 장면〉

인도의 내 고향 마을에서는 6월에 땅콩을 심어 10월에 수확한다. 인도의 경우는 강우 시간, 온도대, 지역 작물의 패턴 등에 따라 세 계절, 곧 겨울(11월부터 2월까지), 여름(3월~6월)과 몬

순(우기, 6월~10월) 등이 번갈아 나타난다. 나는 인도의 기후와 농작물 재배에 대해 간략히 설명했다. 여러 친구들은 인도에 대해 관심이 있었고, 나는 친구들과 말하는 것이 재미있었다.

닉, 지바, 치카, 마틴의 경우에도 자신의 고향에서도 땅콩을 재배한다고 말했다. 닉은 짐바브웨에 대해 많은 놀라운 이야기를 들려주었다. 크리켓 경기에 관해 이야기하였고, 우리는 흥미있게 경청했다. 짐바브웨에 훌륭한 크리켓 팀이 있다고 했다. 덧붙여 닉은 자신의 나라에서 재배되는 다양한 음식과 곡물 관련의 정보를 주었으며, 이어 주요 음식의 식단, 축제, 다양성, 언어, 독립을 위한 투쟁, 다른 정책을 운영하는 정부, 부패, 교육을 받기 위한 도전, 일자리 창출 등에 대해 우리에게 생소한 이야기를 들려주었다. 이런 정보들은 구글에서조차 검색할 수 없는 유익한 정보였다. 우리 중에서 닉보다 짐바브웨에 대해 더 잘 알고 있는 친구는 없을 것이다. 짧은 시간이었지만 우리는 돌아가며 각 나라 상황을 들려주고 들을 수 있었다.

우리는 일 중에서도 점심 때 다할 수 없었던 지역 정치에서부터 국제 정치, 정부 정책 및 그 실행 등에 이르기까지 여러 주제를 놓고 대화를 이어갔다. 이런 토론과 대화를 끊임없이 이어가는 과정에서 일에서 오는 힘듦을 잊을 수 있었다. 우리 팀원들은 세계인으로서 따뜻한 인간적 유대감을 느낄 수 있었고, 이후에도 사귐을 계속할 것이라 생각했다. 이른바 일하는 동안에 맛본 세계문화 이해의 시간이었다해도 좋을 것이다.

〈점심식사와 휴식시간〉

담당 교수님께서 점심 때 즈음하여 우리가 일하는 농장을 방문했다. 그는 우리 모두에게 말을 걸었고 친절한 말로 우리를 격려해주었다. 농사일의 현장을 다니며 우리 모두와 대화를 나눴다. 일을 할 때는 서로가 서로에게 말을 걸며 재미있게 일을 해야 작업에서 오는 어려움을 잊을 수 있다며 대화를 주문하였다. 교수님 말씀에 위안을 얻어 우리는 다시 서로 간에 대화를 하며 땡볕에서 오는 고된 노동에서 오는 힘듦을 이겨낼 수 있었다. 우리는 여러 주제들을 놓고 토론을 하였고, 이런 토론을 하면서 넓은 농장 일을 마무리할 수 있었다.

〈넬리마가 직접 그린 땅콩 꽃과 씨앗 형성〉

농촌체험활동을 마무리하면서

서쪽으로 해가 넘어가기 시작할 무렵에 우리의 작업도 마무리할 수 있었다. 농장에 100800여 개의 땅콩 묘목을 심은 것을 끝으로 우리의 작업을 마무리 지을 수 있었다. 여러 나라에서 온 친구들과 함께 일하면서 노동을 힘듦이나 어려움으로 여기지 않았으며, 일을 통해 한국 농촌 여건을 알 수 있었고, 무엇보다 나의 영성을 닦아가는 잊을 수 없는 기회로 삼을 수 있었다. 일하는 과정에서 한 번도 지겹다거나 귀찮은 일과로 생각하지 않았고, 오히려 나의 내면을 들어보고 나를 다듬어가는 멋진 소중한 경험으로 받아들였다. 한국에서의 농업에 직접 참여하면서 인도농업에서의 변화에 대해서도 관심을 갖게 되었고, 이후 한국에서의 경험을 바탕으로 인도농업 관련 논의를 더 진행하려는 생각을 키울 수 있었다.

<후 기>

한국 사회는 거대한 전환기를 맞이하고 있다. 이런 전환기에서 우리가 어떤 대응을 하느냐는 현안의 과제가 될 것이다. 그런 현안 중에서 한국 농촌 마을의 미래는 가장 큰 과제라 할 수 있을 것이다. 급격하게 재편되는 시대상황 속에서 농촌의 마을이 여전히 존재할 것이냐 아니면 쇠퇴 내지 소멸될 것이냐의 귀로에 서게 될 것이기 때문이다. 지금처럼의 길을 걷는다면 마을의 쇠퇴 내지 소멸은 불가피할 것이다.

이런 한국 농촌이 당면한 현실을 마주하면서 이 책은 농촌 마을에 본격 관심을 갖게 되었으며, 이런 관심 고취를 통해 농촌 사회가 나아가야 할 방향을 타진하려 하였다. 농촌이 붕괴한다면 지방소멸도 당연할 것이며, 그것은 곧 도시인의 삶에도 결정적 영향으로 와닿을 것이다. 농촌과 연결되지 않은 도시란 생각할 수 없고, 또 농촌 주민의 삶과 동떨어진 도시민의 삶도 가능하지 않다고 본다. 다시 말해, 농촌이 건실하며 건강성을 띠고 제 기능을 다할 수 있을 때 도시에서의 삶도 한층 안락하며 편안해질 수 있을 것이다.

더 근본적 차원으로 보면 농촌 단위의 마을공동체로서의 삶은 인간성의 근본에 이어지는 중차대한 핵심 현안으로 볼 수 있다. 인류는 그 시원에서부터 혼자성이 아닌 마을(동네) 단위의 모둠을 맺어 함께하는 삶을 살아왔고, 또 그런 삶은 앞으로도 여전히 유효할 것이다. 그런 모둠살이가 가능했기에 수많은 난관을 헤치며 지금까지 생존해 올 수 있었을 것이다. 이런 차원에서 인간 삶에서 공동체를 형성해 모둠살이를 했다는 것은 인간종의 생존 내지 번성의 기본 토대일 것이다. 그런 마을 단위의 모둠살이는 사회적 존재로서 인간이 인간다움을 실현할 수 있는 중요한 길이기도 할 것이다.

마을살이에 터전해 가능했던 친밀공동체성의 형성 여부는 AI로봇 시대를 살아가는 현대인에게도 시사하는 바가 적지 않을 것이다. 주지하듯이 현대인은 '나홀로'의 고립성에 빠져 극도의 개인주의적 삶을 살아간다 해도 과언이 아니다. 이런 고립된 상태의 혼자성으로 살아가는 것이 얼마나 힘들고 고된 일인지에 대해서도 느낄 수 있으며, 무엇보다 그런 혼자살이의 삶은 공동체적 존재로서의 인간성 측면과 근본적으로 배치될 수 있다. 사회적 존재로서 인간은 그 기본 토대에서부터 혼자서는 살아갈 수 없는 실존성을 갖고 태어났기 때문이다. 인간이 인간답게 산다는 것은 나 아닌 타자와의 일정한 관계를 맺으면서 상호적으로 주고받는 자세를 갖는 것과 밀접히 관련될 것이다.

이런 측면을 염두에 둘 때 마을 단위의 상호적 삶을 산다는 것은 현대문명에 내재된 근원적 한계성을 극복하는 데도 나름의 의의를 던질 것이다. 혼자성에 빠져 주변을 살피지 않으면서 자기식대로의 삶을 산다는 것은 타자 불인정에 해당할 것이기 때문이다. 이런 점에서 마을에 토대한 친밀공동체를 형성할 수 있느냐는 고립과 소외 상태에 빠진 인간의 한계를 극복할 수 있는 좋은 대안으로서의 구실을 할 수 있을 것이다.

이 책은 경북 청도 금천 소재의 작은 어느 마을과 이 마을 주민을 대상으로 마을 관련의 여러 이야깃거리를 발굴하였으며, 이런 이야기를 소재로 한국 농촌의 현실을 있는 그대로의 모습으로 드러내려 하였으며, 덧붙여 국내외의 젊은이들로부터 관심을 끌 수 있는 마을성의 매력을 찾아보려 하였다. 작은 한 마을에서 이루어지고 있는 소재에 불과할 수 있지만 이 마을에 담겨 있는 여러 스토리를 발굴하여 현재화할 수 있다면 농촌 마을이 담아낼 수 있는 매력성을 찾아낼 수 있다고 보았기 때문이다. 이런 매력성을 드러낼 수 있다면 현행의 '떠나며 쇠락하는' 농촌 마을에 새로운 전환점을 마련할 수 있는 것으로도 보았다.

이 책은 여러 사람들이 공동으로 기획하였고, 그런 공동 참여를 통해 얻은 결과물을 토대로 작성되었다. 경북도 지역 활력 사업에 영남대 사회학과 학부생과 국내외 대학원생이 함께 참여하였고, 그렇게 참여한 성과물을 중심으로 내용을 구성하였다. 지역 활력 찾기와 재조명이란 주제를 갖고 여러 명이 다양한 방식으로 마을 사업에 참여하였다. 우리는 2년여에 걸쳐 여러 차례 청도의 마을을 왕래하였고, 또 마을 주민과도 여러 차례의 만남을 통해 인터뷰를 진행하였으며, 그리고 필요한 경우에는 농사일 체험에 직접 참가하기도 하였다. 이런 과정을 거치며 한국 농촌 마을이 당면한 현실 문제에 한층 가깝게 접근하여 현안을 파악하려 하였다. 그저 단지 입으로 말하고 눈으로 관찰하는 차원을 넘어서 농촌 현실을 몸으로 경험하고 체험하며 농촌 현실을 파악하려 하려 했다는 점에서 의의를 갖는다. 이 책을 통해 우리는 마을 주민들이 삶으로 드러내려 했던 마을 현실을 학생들의 참여에 의해 있는 그대로의 살아있는 모습으로 담아내려 했다.

우리는 이 책을 통해 지역에 남아 있는 지역문화 자산의 의미를 어떻게 발굴하여 현재화할 것이냐에 대해서도 각별히 관심을 기울였다. 한국 농촌의 곳곳 마을에는 각 고을마다에 마을문화 자산을 갖고 있을 것이다. 지역문화 자산을 둘러싼 재조명이 제대로 되지 않는다면 곧 사라질 위기에 처할 것이다. 우리는 이런 점에 주목하면서 마을에 내재된 마을 문화 자산을 발굴하여 청년의 눈높이로 현재화하는 데 정성을 다했다. 이런 노력을 통해 사라져가며 의미를 잃어버릴 수 있는 한국의 지역문화를 새로운 모습으로 재조명하고자 하였다. 농촌 마을이 쇠퇴하여 소멸한다는 사실을 슬로건으로 문제 제기하여 쟁점화하는 차원을 넘어서서 마을성에 담겨져 있는 다양한 물적, 인적자산을 스토리로 발굴하여 젊은이의 시선에 맞추어 새로운 시각으로 드러내려 하였다.

이 책에서는 우리 안의 틀을 넘어서 우리 밖의 세상으로 시선을 확장하도록 하는 데도 특별히 유념하였음을 밝힌다. 오늘 우리는 글로벌하게 펼쳐지는 국제영역의 움직임에서 한시도 자유로울 수가 없다. 이런 글로벌의 지구촌 환경에서 농촌 마을도 밀접하게 연계되어 영향을 받을 수밖에 없을 것이기 때문이다. 글로벌 빌리지를 구축함으로써 농촌 주민을 세계시민으로서의 자질을 갖도록 하는 것은 한국 농촌이 나아가야 할 방향과도 직결될 것이다. 이런 세계시민으로의 자질을 갖추지 못할 때 농촌 마을은 '찾아오는 마을' 조건에서 멀어질 것이기 때문이다. 여러 다수의 이주민(이주여성, 유학생)이 친숙하게 찾을 수 있으며 거주할 수 있는 글로벌 빌리지의 조건을 갖추는 것은 소멸지역에 대응하는 핵심 연결 고리일 것이다. 이런 점에서 이 책의 곳곳을 통해 중국, 베트남, 방글라데시, 아프리카 등등의 유학생이 농촌 마을을 바라보는 생각을 여과없이 담아내려 하였다. 그들로부터 환영받을 수 있는 마을 여건을 갖출 수 있을 때 한국 농촌 마을은 글로벌 빌리지로서의 조건을 충족시킬 수 있다고 보았기 때문이다. 물론 글로벌 빌리지는 '선주민/이주민이 함께 하는 공존공동체' 만들기와도 불가분하게 관계될 것이다.

끝으로, 이 책은 두 가지 사실에 특별히 유념하여 기획 · 제작하였음을 밝힌다. 그 하나는 농촌지역에 남아 있는 문화자산을 발굴하여 그 의미를 젊은층 시선에 맞도록 현재화하여 '찾아오는' 매력마을 만들기에 두었으며, 또 다른 하나는 글로벌의 지구촌화의 측면에서 우리를 넘어 우리 밖의 영역에서 '환영받고 살고 싶은' 글로벌 빌리지를 어떻게 여하히 구축할 수 있느냐에 두었다. 모쪼록 이 책이 작은 계기가 되어 한국 농촌 마을의 공동체성 재생 또는 르네상스에 한발 가깝게 다가설 수 있는 기회가 되었기를 바랄 뿐이다.

참고한 책

강영안 옮김(1999). 엠마누엘 레비나스 저. **시간과 타자**. 서울: 문예출판사.

김규 옮김(2001). 닐포스트만 저. **테크노폴리**. 서울: 민음사.

김연숙(2001). **레비나스 타자윤리학**. 인간사랑.

김영욱 · 홍승아 옮김(2012). 헬레나 노르베리-호지 저. **행복의 경제학**. 중앙books.

김종권(1987). **해동속소학**. 명문당.

박문형 옮김(2017). 박재형 저. **해동속소학**, 박문현.

박홍갑 · 김성우 · 신병주 · 김대웅 · 권오영 · 박인호(2019). **청도 밀양 박 씨 소고공파와 박시묵 · 박재형**. 경인출판사.

신지1리 현황(1993년 6월). 선호 새마을상조회편(미발행출판물).

안진환 옮김(2014). 리프킨 저. **한계비용 제로 사회**. 민음사.

이수환 외(2020). 청도 역사 인물 선양화 사업연구용역. 영남대 민족문화연구소(미간행출판물).

정대연(2004). **환경사회학**. 아카넷.

정수환(2022). **한국 농촌개발과 국제개발**. 영남대출판부.

정용교(2019). **베트남 사회문화 교육의 이해**. 교육과학사.

정용교(2021). **사회윤리와 국가윤리**. 영남대출판부.

조한혜정(2007). **다시 마을이다 위험사회에서 살아남기**. 하나의문화.

조한혜정 외(2006). **가족에서 학교로 학교에서 마을로**. 또하나의문화.

진영효(2014). **마을을 묻다**. 국토연구원도시재생지원센터.

Bauman, Z.(1992). *Intimations of Postmodernity*. Routldge.

Delanty, G.(2010). *Community*. Routledge.

Escobar, A.(1992). 'Imagining a Post-Development Era?". Critical Thought, Development and Social Movements'. *Third World and Post-Colonial Issues*. 31(32): 20-56.

Janoski, T., & Gran, B. (2002). *Political Citizenship. Handbook of Citizenship Studies*. SAGE Publications. Inc.

Pahl, R.(2001). *On Friendship*. Polity Press.

Raghuram, R.(2019). *The Third Pillar: How markets and the State Leave the Community Behind*. NY: Penguin Press.

| 지은이 소개 |

정용교

영남대학교 교수, 다문화교육연구원장

저서: 「세계의 학교교육」, 「사회윤리와 국가윤리」, 「세계시민교육」 외

전경미

영남대학교 다문화교육연구원 연구원

남선이

영남대학교 다문화교육연구원 연구원

마을에서 희망을 찾다

2023년 5월 20일 1판 1쇄 인쇄
2023년 5월 25일 1판 1쇄 발행

지은이 : 정용교 · 전경미 · 남선이
펴낸이 : 한정주
펴낸곳 : 교육과학사

경기도 파주시 광인사길 71
전화: (031) 955-6956~8 팩스: (031) 955-6037
Home-page: www.kyoyookbook.co.kr / E-mail: kyoyook@chol.com
등록: 1970년 5월 18일 제2-73호

정가 13,000원

ISBN 978-89-254-1783-7

Printed in Korea.